Jim & Mary Lufkin
a gift from
Bernard Winkler,
Heilbronn

KTV

Der farbenprächtige Käthchen-Hochzeitszug vor dem Rathaus.

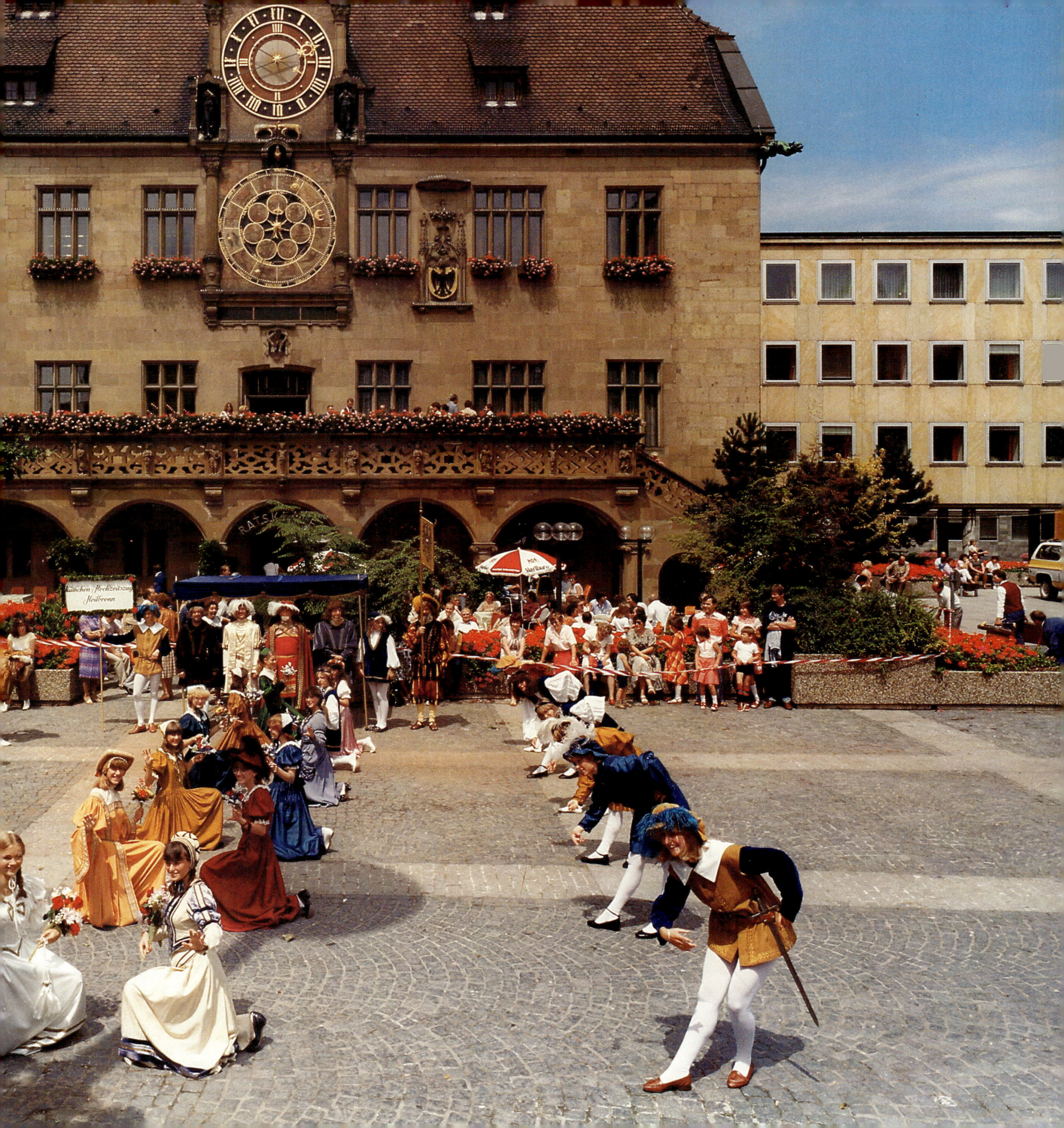
Käthchen-Hochzeitszug
Heilbronn

Heilbronn

Fotos von Ludwig Windstoßer

Texte von Carlheinz Gräter und
Werner Kieser

Konrad Theiss Verlag Stuttgart

Inhaltsverzeichnis

Heilbronn – Signatur einer Stadt   7
von Carlheinz Gräter

Heilbronn – wirtschaftliche und
kulturelle Metropole Frankens   21
von Werner Kieser

Heilbronn im Bild   27

Heilbronn im Überblick   127
zusammengestellt von Wilfried Hartmann

Heilbronner Stadtgeschichte –
kurz notiert   133

Heilbronn – Signatur einer Stadt

von Carlheinz Gräter

Dem Stadtgeist auf der Spur

Jede Stadt lebt insgeheim von einer Signatur, einem Zeichen. Das mag nicht für jedermann verbindlich sein, das kann selbst für ein und denselben Betrachter im Lauf eines Lebens wechseln. Denn solch eine Annäherung an den Stadtgeist ist nicht nur eine Frage der Perspektive, sondern auch des Temperaments, der Erfahrung. Wer einem Ort seine Signatur zuspricht, sagt zugleich auch einiges über sich selbst aus. In Karlsruhe mag es der Fächer der Residenz, in Schwäbisch Hall die steinerne Kaskade der Freitreppe von St. Michael oder auch nur die Allianz von Traube und Brezel in einem Wirtshausschild sein. In Stuttgart wird sich der eine für den Blick vom Café Königsbau auf den Schloßplatz oder für den Fernsehturm entscheiden, der andere wählt den zwischen Marktständen sinnfällig ins Abseits gerückten Schiller auf seinem Denkmalsockel. Und in Heilbronn?

Vielerlei dringt da noch immer auf den ein, der zwischen bürgerlich nüchternen Fassaden und dem Regenbogen der Reklame, zwischen Kastaniengrün am Neckar und der Festhalle Harmonie bummelt. Wahrzeichen ist natürlich noch immer die Kilianskirche, überragt von dem quirlig sich verjüngenden Oktogon des Westturms, bekrönt vom »Männle«, dem Bannerträger reichsstädtischer Freiheit.

Aber gleich daneben leuchtet figurenreich, in farbigem Gold die Kunstuhr der Renaissance am Rathaus. Und von der Kuppel des Hafenmarktturmes blitzt der uraltjunge Phönix, auch »ein Symbol für die Auferstehung Heilbronns nach Jahren hoffnungslosen Trümmerschlafs«. Eine vertraute Silhouette der Stadtlandschaft markiert der Turm auf dem Hausberg der Heilbronner, dem Wartberg. Eines der gotischen Kirchenfenster im Chor von St. Kilian vereint in Rot, Gold und Silber Ähren und gekreuzte Weinberghapen, Rebmesser also, Standesembleme der Weingärtner, die hier für ein Jahrtausend »den Stand« gebildet haben. Und drunten am Wilhelmskanal ragt unterm Pilzhut der Handdrehkran, frühtechnisches Denkmal der Handelsmetropole am Neckar, Signatur, Wahrzeichen auch er.

Käthchenstadt nennt sich Heilbronn. Ein Dichter, Heinrich von Kleist, hat der alten Stadt mit seinem Ritterschauspiel »Das Käthchen von Heilbronn« weltweit zu Ruhm verholfen. Im sogenannten Käthchenhaus, einem der letzten patrizischen Steinhäuser an der Südwestecke des Marktplatzes, hat man das angebliche Vorbild der romantisch Liebenden, eine Stadtschultheißentochter namens Lisette Kornacher, aufgespürt. Aber heute wissen wir, daß Kleists Käthchen keinen auf die Schaubühne projizierten Fall von Somnambulismus darstellt, sondern ein Geschöpf seiner Imagination ist. Trotz Hans-Dieter Läpples entzückend eigenwilliger Brunnenbronze beim Naturhistorischen Museum, trotz Käthchenwein und Käthchens festlichem Hochzeitszug durch die Straßen Heilbronns – das langzopfete Kind der Romantik läßt sich kaum als Figuration des Stadtgeistes fassen.

Aber dann stößt der Stadtgänger an der Südterrasse von St. Kilian auf das Brunnenhäusle, aus dessen sieben kupfernen Röhren kein anonymes Leitungswasser, sondern wahrhaftig eine Quelle rinnt. Hier holen sich die Heilbronner ihr Wasser in Plastikeimern, Flaschen, Kanistern; die Quelle ist zwar gipshaltiger, also härter als das Wasser aus dem städtischen Röhrennetz, dafür ohne das

Rüchlein Chlor, aus dem Ursprung geschöpft, etwas Besonderes halt.

Ein paar Schritte gassenabwärts, im Deutschhof, der ehemaligen Kommende der Ordensritter, zeigen Rekonstruktion und alte Ansichten den »Heiligen Brunnen« als Herzfleck, Namengeber, Sinnmitte der Stadt. Die Quelle in der Kirchbrunnenstraße rauscht durch die Geschichte Heilbronns. 1541 erhielt sie von dem heimischen Baumeister Balthasar Wolff eine standesgemäße Fassung mit kapellenartigem Abschluß und dem Relief »Jesus und die Samariterin«, das heute unter den Arkaden des Rathauses trauert. Nicht nur als Trinkwasserlieferant und Zapfstelle in Feuersnöten diente der Brunnen, auch Eichtröge und Fischkästen füllte er.

Als für Brauereien und andere Betriebe in der Stadt immer mehr Brunnenschächte erbohrt wurden, versiegte 1857 die Quelle. Ein Jahrzehnt darauf ebnete man den Kirchbrunnen ein. Der heutige historisierende Wassertempel stammt aus dem Jahr 1904; im Bombenhagel zerstört, wurde er 1959 wiedereingewölbt. Dabei stieß man mitten im Chor der Kilianskirche auf die verschollene Brunnenquelle. Sie speist seither im Südchor auch das Becken, an dem die jüngsten Heilbronner getauft werden.

Es ist also ein rechter Born des Heiles. Heilbronn verdankt ihm mehr als seinen Namen. Als numinoser Ort des Mythos und der Sage, als Kindbrunnen, als Sitz der Rechtsprechung, als gesellschaftlicher Gemeinplatz des Dorfes, der Stadt, als Denkmal der Kunst und Geschichte behauptet sich der Brunnen, ein unerschöpfliches Gleichnis des Lebens. Ein Nachglanz des Paradieses ruht auf ihm. Selbst der Schwank vom Jungbrunnen ist nichts anderes als die volkstümlich handgreifliche Nutzanwendung des mythischen Paradiesbrunnens.

Dabei bleibt es ein müßiges Wortwurzelziehen der Sprachgelehrten, ob die in karolingischer Zeit erstmals genannte »villa Helibrunna« ihren Namen nun von einem heiligen oder heilenden oder nur einem erfrischenden Brunnen erhalten hat. Was erfrischt, das heilt auch, und was den Menschen heilt, das bringt ihm Heil, ist ihm heilig.

Den Heilbronner ficht das Philologengeplänkel wenig an. Er lebt mit seinem wiedergewonnenen Brunnen. Auch über sein im Stammesspiegel doch recht schwankendes Charakterbild macht er sich weniger Gedanken als mancher auswärtige Beobachter. Die junge Großstadt Heilbronn nennt sich die Kapitale der Region Franken in Baden-Württemberg, hat aber nichts dagegen, wenn ihr Neckarwein als schwäbisches Gewächs tituliert wird. Und was den Reben recht, müßte den Menschen, die in ihrem grünen Weichbild leben, doch eigentlich billig sein?

Die Stammesgrenze zwischen Franken und Alamannen, und damit auch die offizielle Mundartgrenze zwischen dem Fränkischen und dem Schwäbischen verlief südlich von Heilbronn, und die spätere Reichsstadt stand politisch oft in erklärtem Gegensatz zu den Grafen und Herzögen von Wirtemberg. Das belegt auch die Liste der im Mittelalter zugewanderten Neubürger, unter denen Hohenloher und Mainfranken eindeutig überwiegen. Die Oberamtsbeschreibung spricht sogar von einem rheinfränkischen und speziell pfälzischen Element der Bevölkerung; die Heilbronner Mundart, so heißt es, sei »unzweifelhaft eine fränkische, wenn auch mit schwäbischer Schattierung«.

Nun sind aber weder Stammesgrenzen noch Mundartlandschaften statische Größen. Daß das Honoratiorenschwäbisch als Staatssprache nordwärts wandert und Mundartliches gerade in einer größeren Stadt immer mehr abschleift, ist offenkundig. Hinzu kamen die Bevölkerungsschübe im Zug der Vertreibung aus dem deutschen Osten. Dem Franken fehlt das Staatsgehäuse, den Franken macht das Bekenntnis. Mit einem solchen Bekenntnis wären die Heilbronner heute gewiß überfordert. Was bleibt, ist ein sozusagen fränkisch verfeinerter Schwabe. Wenn etwa Christian Friedrich Daniel Schubart 1773 sinnierte, »Hang zur gesellschaftlichen Freude« scheine »beinahe das Hervorspringende im Charakter dieser Städter zu sein«, so paßt das in keinen Schwabenspiegel.

Eine gewisse »Nüchternheit zwischen Reben« hat Fritz Richert 1964 den Heilbronnern attestiert: »Die Liberalität hierzulande trägt bis heute merkwürdige Züge. Aus der fränkischen Herkunft des Standes und der Patrizier mag das Nationale herrühren, verstärkt durch die Reichsfreiheit und die Sehnsucht nach einer die kleinen Territorien schützenden Zentralgewalt; aus dem Schwäbischen der Hang, das Nützliche mit dem Idealen – oder umgekehrt – zu vermengen. Das drängt alles Radikale in den Hintergrund, läßt weltanschauliche Überhitzung nicht zu . . . «

Bleiben wir dabei, daß Heilbronn wie sein Schicksalsfluß,

der Neckar, Schwäbisches, Fränkisches, Pfälzisches eint; nehmen wir Theodor Heuss, Jungbürger und Zeitungsmann dieser Stadt, beim Wort: »Was hat Heilbronn mir gegeben? Demokratie als Lebensform.«

Im Schatten von St. Kilian

Das Stadtverderben des 4. Dezember 1944 bedeutete für Heilbronn den schmerzlichsten Einschnitt seiner Geschichte. Was das Gemeinwesen heute an historischer Bausubstanz aufweist, sind nur noch Intarsien der Vergangenheit, oft nur noch Bruchstücke davon. Die charaktervollen Bauten der Reichsstadtära, die nach dem Krieg aus Ruinen wiederauferstanden sind, lassen sich an einer Hand abzählen. Unwiederbringlich verloren, ausradiert, nur in pietätvollen Bilderalben aufbewahrt ist das Gesamtbild einer in Jahrhunderten gewachsenen Reichsstadt mit ihren winkligen Gassen und steilgieblig, überkragenden Fachwerkhäusern, mit ihren grünschattigen Brunnenhöfen und Plätzen, mit den Renaissancepalazzi und klassizistischen Fronten ihrer Patriziersitze, mit den sandsteingesockelten, kellermäuligen Wengerterhäuschen.

Theodor Heuss hat die Gassenstreifzüge seiner Jugend beschworen: »Ach Gott, wie oft sind wir gleichgültig durch sie herumgelaufen, und dann kamen immer wieder die schenkenden Stunden, die all dies, leichte Bewegung der Straße, barocke Mansarde, zwischen gotischem Fachwerk liebenswürdiges Erkerspiel, ein altes Tor, einen Schwibbogen, eine bescheiden herbe Linie des Empire in die dankbaren Sinne eingehen ließen, daß das Gewohnte verzaubert und das Vertraute geheimnisvoll wurde, und die unbefangene Gegenwart in den Bann alter Geschlechter gefesselt.«

Allein die Kilianskirche ist historisch getreu wiedererstanden; bei allen anderen restaurierten Bauwerken wurde meist nur die Schauseite wiederhergestellt, das Innere jedoch den heutigen Erfordernissen angepaßt. Anstelle eines romanischen Gotteshauses errichteten die Heilbronner im späten 13. Jahrhundert nach dem Vorbild der Stiftskirche zu Wimpfen im Tal eine frühgotische Basilika mit östlichem Turmpaar. Das Langhaus in seiner heutigen Form baute Ende des 15. Jahrhunderts Hans von Mingolsheim, dazu die beiden schauprächtigen Seitenschiffe. Anton Pilgram, damals, um 1480, auf Wanderschaft im Südwesten, spannte seinen dreischiffigen kühnen Hallenchor auf; nicht nur an der Kanzel des Wiener Stephansdomes, auch am filigranzart gehauenen Sakramentshäuschen von St. Kilian hat er sein Selbstporträt hinterlassen. Das zweite Sakramentshäuschen hat Bernhard Sporer aus Wimpfen geschaffen. Aberlin Jörg zog dem Chor das schöne Doppelsterngewölbe ein.

Zu diesem Ensemble erstklassiger Meister gesellt sich ein der Kunstgeschichte sonst gänzlich Unbekannter, der Steinmetz Hans Schweiner aus Weinsberg, seit 1496 in Heilbronn ansässig. Von ihm stammt auch der Kranen am Neckar, der auf keinem der Stadtprospekte des 17. Jahrhunderts fehlt. Gegen namhafte Konkurrenz erhielt Schweiner den Auftrag für den Bau des beherrschenden Westturms; dieser sollte die verschobenen Proportionen wieder zurechtrücken, nachdem die beiden gotischen Osttürme in dem »Dachgebirge von Hallenchor und Hallenlanghaus« fast versunken waren. 1513 begann Schweiner mit seinem Turmbau. Auf die vierseitigen Untergeschosse setzte er in immer keckerer Verjüngung luftige Oktogone, gipfelnd in der Kolossalfigur des »Männle«, eines bärtigen Stadtknechts, der das Heilbronner Wappenbanner trägt, und von dessen Barett übermütig die Feder schwankt, ein Volkslied in Stein, eine Parodie auf das Jenseitsstreben des Mittelalters.

Dazu paßt, daß die verwirrende Fülle der Bauplastiken rund um diesen Turm kein einziges geistliches Motiv, geschweige denn einen Heiligen aufweist. Statt dessen erscheinen Musikinstrumente, denen Bänder mit Noten entflattern; Adam beißt ungeniert in den Apfel der Erkenntnis; aus einer Mönchskutte grinst ein Affe; ein dickes Tau fesselt einen Domherrn samt nackter Buhlerin aneinander; Mönch und Nonne vereint, sehr drastisch, ein Vogelleib mit Klauenfüßen; ein Bischof schnellt die gespaltene Zunge; Fratzen, Türkenköpfe, Tierkreiszeichen mischen sich ins satirische Panoptikum.

1529 hat Hans Schweiner diesen Dämonenturm vollendet, von dem ein Zeitgenosse voll frommen Entsetzens berichtete, er rage »bis an den Himmel ein Bösewicht«. Kein Zweifel, daß der Meister die Gärungen, Laster, Schrecknisse seiner Zeit hier in Stein bannen wollte. Turm und Turmzierat lassen sich aber in keiner Stilfibel der Renaissance nachbuchstabieren. Schweiner, so Hans Koepf, »sah die uralten romanischen Bauten als römisch an und glaubte, die Klassik dort gefunden zu haben, wo er in Wirklichkeit nur das Mittelalter fand, das er zu überwinden trachtete«. Ein provinzieller Eigenbrötler, ein früher Expressionist, bar aller Konventionen, hat hier ein Kunstwerk eigener Art aufgerichtet, derb, weltfromm, ketzerisch.

Wie ein Gegenpol mutet da Hans Seyfers Hochaltar im Chor an, ein Hochgesang, ein Abgesang der Gotik, 1498 vollendet. Neben der erhöhten Figur der Gottesmutter stehen Laurentius, Petrus, Kilian und Stephanus in ihren Baldachinnischen, hoheitsvoll und lebendig charakterisiert; die Predella zeigt den Schmerzensmann, flankiert von vier Kirchenvätern, grüblerische, sensible, in sich ruhende Gelehrtenporträts; die beiden Seitenflügel erzählen das Leben Jesu; über dem Figurenschrein ragt eine Kreuzigungsgruppe. Trotz des kargen Lichts strahlt dieser Schnitzaltar im sanften Honigton seines Lindenholzes. Die Figuren hatte man im Krieg geborgen, das verkohlte Gesprenge wurde formgetreu nachgeschnitzt. Carl Crodel hat die Farbfenster des Hauptchores, Ulrich Henn das Bronzekreuz des Mittelaltars mit Christus als mythischem Weinstock entworfen.

Kilianskirche und Rathaus eint der warmtönige, feinkörnige Schilfsandstein der Keuperlandschaft, der ja auch das Gesicht der alten Residenz Stuttgart färbt. Vom Rathaus der Reichsstadtzeit ist nur der gotische, im Renaissancegeschmack veränderte Hauptbau historisch getreu wiedererstanden; auch vom rückwärtigen Archivbau blieb nur die geistreich heitere Rokokofassade erhalten. Über der Freitreppe des Rathauses hat Isaak Habrecht, Schöpfer der Straßburger Münsteruhr, 1580 ein Figurenchronometer aufgehängt. Unter der Uhrenscheibe weisen die Zeiger auf Sonnenstand, Tierkreis und Wochentag. Darüber leuchtet die Tafel mit den Mondphasen. Ganz oben hängt das Ratsglöcklein. Kurz vor jedem Stundenschlag bläst der Engel zur Rechten, im Schlag der Stundenviertel hebt sein linker Kollege das Zepter und stürzt das Stundenglas um. Mit jedem vollen Stundenschlag wiederum stoßen die beiden Widder unterm Zifferblatt gegeneinander. Und ab zwölf Uhr kräht alle vier Stunden flügelschlagend der goldene Hahn.

Von den patrizischen Palais rund um den Marktplatz ist neben dem Käthchenhaus nur das schmalbrüstige Zehender'sche Haus an der Ostseite mit seinen appetitlichen Fassadenplastiken wiedererstanden. In der Sülmerstraße, heute Flaniersteg der Fußgängerzone, erinnert der barocke Hafenmarktturm an das während der Franzosenzeit zerstörte Barfüßerkloster; sein Glockenspiel »Kein schöner Land in dieser Zeit« tönt allabendlich um 19.20 Uhr, zur gleichen Zeit, als 1944 dem alten Heilbronn die letzte Stunde schlug; im Untergeschoß hat Paul Bonatz das Ehrenmal für die Toten beider Weltkriege errichtet. Am Ende der Sülmerstraße steht, gotisch schlicht, die Nikolaikirche, das Gotteshaus der Heilbronner Weingärtner.

Architektur der Gegenwart und historisches Profil vereint der Deutschhof, die um 1250 errichtete Deutschordenskommende am Ende der Kirchbrunnenstraße. Der Kern mit Staffelgiebelbau, Komturhaus und geräumigem Fruchtspeicher trug Renaissancetracht und war von repräsentativen Barockbauten eingefaßt. In goldenem Barock strahlte auch die dazugehörige Peter-und-Pauls-Kirche. Beim Wiederaufbau hat man den ursprünglich gotischen Charakter des Gotteshauses gewahrt; romanische Plastiken und ein Altartisch des hohen Mittelalters birgt die Taufkapelle. Die Glasfenster im Chor von St. Peter und Paul stammen von Wilhelm Geyer. Bis zur Zerstörung war im Deutschhof das Landgericht untergebracht. Als Kulturzentrum beherbergt er heute Stadtbücherei, Jugendmusikschule, Volkshochschule sowie Stadtarchiv und Städtische Museen.

Als Museum dient auch das neckarwärts gelegene Fleischhaus; der in den maßvoll gewichtigen Proportionen der Renaissance erneuerte Arkadenbau präsentiert prähistorische Funde und naturkundliche Sammlungen. Drunten am Flußufer ragt der viereckige Götzenturm, der seinen Namen jedoch zu Unrecht trägt; während seiner ritterlichen Haft zu Heilbronn saß Götz von Berlichingen, und dies nur für eine Nacht, in dem neckarabwärts gelegenen runden Bollwerksturm ein. Hier am Götzenturm stand auch die letzte Partie der staufischen Stadtmauer; engbrüstige Häuser saßen auf ihr, wie die Hühner auf der Stange. Die Mauer hielt den Bomben stand, wurde aber beim Wiederaufbau zugunsten der Straßenverbreiterung abgerissen. Unversehrt blieb auch das 1771 zwischen Fluß und Kanalhafen errichtete Schießhaus an der Frankfurter Straße. Sein mit Stukkaturen und Malereien ausgeschmückter Rokokosaal gilt als die schönste Feststube der Stadt.

Blick vom Wartberg

Der Weg zum Wartberg führt an der Festhalle, der Harmonie vorbei; im Stadtgarten hat der größte Sohn der Stadt, Robert Mayer, dem wir das Gesetz von der Erhaltung der Energie verdanken, sein Denkmal gefunden. Sein Grab liegt in der Parkinsel des aufgelassenen Alten Friedhofs, auch das der Lisette Kornacher, die Kleist ja angeblich zu seinem Käthchen unterm Holderstrauch inspiriert hat. Ihrem Arzt, dem Magnetiseur Eberhard Gmelin hat Johann Heinrich Dannecker das klassizistische Grabmal gehauen, die Göttin der Gesundheit, Hygieia, trauernd zwischen Äskulapstab und Ölzweig.

Die von Quadermauern flankierte Wartberghohle ist eine letzte Reminiszenz an das farbig bewegte Relief der Reblandschaft um Heilbronn mit den schnörkelig verzierten Pavillons wohlhabender Weinbergbesitzer, mit der Felsenflora ihrer Terrassenmäuerchen, mit ihren tief in den weichen Gipsmergel eingeschnittenen Hohlwegen, die man nach dem Krieg mit Trümmerschutt aufgefüllt und eingeebnet hat.

Vom Wartberg, dem westlichsten Ausläufer der Löwensteiner Berge, ehemals berühmt für sein Weinlesefest, den »Herbst«, öffnet sich der schönste Blick auf Heilbronn. Die Stadt in der dunstverhangenen Talmulde schmiegt sich gegen Osten in den Arm der Waldberge. Drüben, jenseits der Haller Straße, liegt der Galgenberg mit dem Hohlweg der Armsündersteige. Hier ließ der Rat 1514 den baumartig stilisierten Bildstock mit dem Kreuzschlepper aufrichten, der die Verurteilten auf ihrem letzten Gang trösten sollte und jetzt im Museum seine Bleibe gefunden hat. Unterhalb des Galgenberges spiegelt sich das »Schlößchen« im Trappensee, ehemals Herrensitz, jetzt Ausflugsstätte. Dahinter öffnen sich, im Wald versteckt, die weitläufigen Steinbrüche beim Jägerhaus. Aus ihrem Schilfsandstein sind die Skulpturen des Schwetzinger Schloßgartens und die Wappentafeln am Heidelberger Schloß modelliert, ihre Quader fügten sich zu weltlichen und geistlichen Repräsentationsbauten, von St. Kilian bis zum neuen Hauptbahnhof in Amsterdam.

Den wuchtigen Knauf der laubgrünen Hügelsichel um Heilbronn bildet der Schweinsberg. Hier trieben Bürger und Bauern ihre Schweine zur Eichelmast, hier legte man die Schwarzkittel auf die Schwarte, die früher beim herbstlichen »Hasenmahl« des Stadtrats bevorzugt aufgetischt wurden. An der Stirnseite des Berges zeichnen sich noch die beiden Schanzen ab, die der »Türkenlouis«, der Markgraf Ludwig von Baden, gegen die Franzosen aufgeworfen hat. Ehrwürdiger, älter sind die Grabhügel der Keltenzeit, die in der Stille des Waldes schlafen. Zwischen dem Schweinsberg und den Steinbrüchen am Jägerhaus buckelt der Köpfer mit seiner von Naturfreunden gefaßten Quelle. Im Tal des Köpferbaches haben die Opfer des Luftangriffs auf einem Ehrenfriedhof eine gemeinsame Ruhestätte gefunden. Alljährlich am 4. Dezember versammeln sich hier die Heilbronner und gedenken der leidvollsten Stunde ihrer Stadt.

Der Wartberg gibt auch Einblick in das Werden der Stadtlandschaft. Ein tektonisch bedingtes Einsinken der Gesteinsschichten läßt hier den Muschelkalk in der Tiefe verschwinden, der rebfreundliche Gipskeuper formt sanfte, einwärts geneigte Hänge, während die härteren Sandsteinhorizonte scharf markierte Bergstufen bilden; das im Muschelkalk noch enge Tal des Neckars weitet sich zur Heilbronner Mulde. Dafür versiegelten die abgesunkenen Deckgebirge die bis zu 45 Meter mächtigen Salzspeicher des Mittleren Muschelkalks. Neben dem Steinbaukasten der Schilfsandsteinbrüche und dem früher als Baumittel und Kleedünger gewonnenen Gips sind diese Salzstöcke der kostbarste Bodenschatz, nicht zu vergessen der Grundwasserstrom der Talschotter.

In der bis zu anderthalb Kilometer breiten Talmulde fing sich aber auch der während der letzten Eiszeit ausgeblasene Staub der Gletschermoränen und Schotterfelder als gelber Löß. Die wildreichen Auwälder des Neckars lockten den Eiszeitjäger, der fruchtbare Löß den Bauern der Jungsteinzeit an. Fördernde Elemente der Stadtwerdung waren die günstige Straßenlage im Anschluß an die Kraichgausenke zwischen Schwarzwald und Odenwald, der schiffbare Neckar, dem die Stromschnellen flußaufwärts bei Lauffen erst ein natürliches Hindernis entgegensetzten, sowie der Weinbau an den sonnseitigen Gipskeuperhängen, die sich hier zu einem Amphitheater der Rebe öffnen. Landschaft ist mehr als Bühne der Geschichte.

Vom Römerkastell zur Reichsstadt

Mit ihren Seitentälern gehört die lößschwere Heilbronner Mulde zu den ergiebigsten prähistorischen Fundstätten des Landes. Der Stadtarzt Alfred Schliz hat um die

Jahrhundertwende bei Großgartach ein ganzes Bauerndorf der Jungsteinzeit mit eigenständiger, glänzend polierter schwarzbrauner Keramik sowie Mahlsteinen fürs Getreide ausgegraben. Zahlreiche bronzezeitliche Gußformen aus Sandstein für Schwertklingen, Messer, Sicheln und Pfeilspitzen, geborgen bei Neckargartach, beweisen den technisch hohen Stand des Bronzegusses ums Jahr 1000 vor der Zeitenwende.

Ums Jahr 90 nach Christi schoben die Römer ihre Reichsgrenze an den mittleren Neckar vor. Am westlichen Ufer, bei Böckingen, in der Flur Steinäcker deckte ein Kastell den Flußübergang. Ihm schlossen sich eine Schiffslände und ein Lagerdorf an; beim Sonnenbrunnen fand man einen Weihestein für den orientalischen Lichtgott Mithras. Das rostschwarze Winzermesser in den archäologischen Vitrinen des Fleischhauses läßt auf antiken Weinbau am Neckar schließen.

Um die Mitte des dritten Jahrhunderts überrannten die Alamannen den Limes. Die Unruhen der Völkerwanderungszeit verebbten, als die fränkischen Merowinger die Alamannen nach Süden zurückdrängten und ums Jahr 500 das nördliche Neckarland besetzten. Aus dieser Zeit stammt ein Elfenbeinkästchen mit dem Christogramm XP aus einem Reihengrab am Rosenberg, wahrscheinlich nur ein Beutestück aus Gallien, kaum ein Indiz für eine so frühe Christianisierung der Germanen. In karolingischer Zeit sind dann zahlreiche Schenkungen an die Klöster Lorsch an der Bergstraße, Fulda und Weißenburg im Elsaß bezeugt, aber fast ausschließlich westlich des Neckars. Der Fluß markierte hier auch die Grenze zwischen den Bistümern Worms und Würzburg. Rechts des Neckars war das Land weithin Königsgut. Die von Thüringern und Alamannen bisher nur locker besiedelten Lande um Main und Neckar sollten von der staatlichen Kolonisierung wie vom frischbegründeten Bistum Würzburg geistig-politisch dem Frankenreich eingebunden werden. Unter den zwei Dutzend königlichen Eigenkirchen, die der Hausmeier Karlmann 741 dem Würzburger Bischof überließ, taucht nun eine St. Michael geweihte Kirche »in villa Helibrunna« auf. Zu der uralten Völkerstraße, die durch den Kraichgau ostwärts zog, kam jetzt noch eine fränkische Heerstraße, die von Frankfurt neckaraufwärts nach Italien zielte. Im »Achsenkreuz des Verkehrs« lag der Königshof Heilbronn, wegen der Lauffener Flußschnellen zudem noch natürlicher Umschlageplatz der Wasserstraße.

Über die Entwicklung der folgenden vier Jahrhunderte schweigen sich die Quellen aus. Immerhin urkundete Ludwig der Deutsche 841 im Königshof zu Heilbronn. Erst ein Dokument aus dem Jahr 1146 erlaubt dann einen aufschlußreichen Blick zurück. Damals vollzog Uta von Calw eine Jahrzehnte zuvor schon gewährte Schenkung an das Kloster Hirsau: »die Hälfte des Marktes, der Münze und des Hafens sowie die Siedlung Hanbach und den Berg, welcher Nortberg genannt wird«. Plötzlich fällt Licht auf ein Gemeinwesen mit städtischer Ausstattung, wobei der genannte portus nicht nur Schiffslände und Hafen, sondern auch Kaufmannssiedlung bedeuten kann. Sehr wahrscheinlich lag dieser Hafen beim späteren Lohtor. Auf regen Fernhandel deutet auch der in der Judengasse, der jetzigen Lohtorstraße entdeckte Gedenkstein für »Nathan den Vorsänger« hin, dessen hebräische Schriftzüge ins frühe Mittelalter verweisen. Parallel zur Judengasse verlief vom Fluß her die »Kramstraße«, wo laut Steuerbuch die wohlhabendsten Bürger der Stadt saßen.

Königshof, Marktsiedlung, jüdische Gemeinde, Handelshafen und das in der Schenkung genannte Hanbach, wohl ein Fischernest zwischen Neckar und heutigem Deutschhof, bildeten also die Mosaiksteine der künftigen Reichsstadt. So klar sich die wirtschaftliche Position Heilbronns abzeichnet, so verworren erscheinen die politischen Machtverhältnisse des 11. und 12. Jahrhunderts. Mit dem Würzburger Bischof konkurrierten die Grafen von Calw, die sich erst mit ihrer Schenkung zurückzogen; daneben behauptete sich das Königtum, dem im 13. Jahrhundert in den Herren von Dürn kurzfristig ein gefährlicher Rivale erwuchs. Auf Burg Wildenberg im Odenwald zu Haus, schenkten diese dem Deutschen Orden den Baugrund für eine Kommende außerhalb des von Palisadenwall und Graben umgürteten Siedlungskerns.

Aufstieg und Fall derer von Dürn folgten einander rasch. Um 1225 zwang der Staufer Heinrich (VII.), der für seinen Vater Friedrich II. in Deutschland regierte, den Würzburger Bischof »unter Umkehr der mittelalterlichen Lehenspyramide«, ihn mit dem »oppidum Heilecbrunnen« sowie dem Dorf Böckingen zu belehnen. Erstmals wird hier Heilbronn als Stadt oder zumindest befestigter Platz erwähnt, mit einem Schlag war es wieder voll unter königlicher Hoheit, nachdem kurz zuvor der Bischof noch von den Heilbronnern als »seinen Bürgern« gesprochen

hatte. 1241 gewährte Kaiser Friedrich II. Steuerfreiheit für den Bau einer Stadtmauer.
Den Untergang der Staufer und das darauf folgende Interregnum wußten die Bürger zu nutzen. Ihr Ziel war die Selbstverwaltung, die Reichsfreiheit, und Sinnbild dieser Freiheit war jetzt das Stadtsiegel mit dem Adler des Reiches im Schild. Zwar versuchte nach der kaiserlosen, der schrecklichen Zeit Rudolf von Habsburg die entglittenen Kronrechte zurückzugewinnen; ein königlicher Vogt übte wieder die Blutgerichtsbarkeit aus, ein königlicher Schultheiß leitete Verwaltung und Ziviljustiz. Aber in dem 1281 erneuerten Stadtrecht werden erstmals auch jeweils zwölf Ratsherren und Richter aus dem Patriziat genannt, die im Stadtregiment mitwirkten.
Damit war der Weg zur Reichsfreiheit Heilbronns vorgezeichnet. Der Bau des Rathauses, die Erweiterung der Kilianskirche, die Stiftung des Katharinenspitals am Brückentor geben davon Zeugnis. Wichtigere Wegmarken setzte das 14. Jahrhundert. 1314 trat erstmals ein »magister civium«, ein Bürgermeister, auf. 1349 verzichtete Karl IV. auf seine Rechte an St. Kilian. 1360 erwarb die durch Handel und Weinbau reich gewordene Gemeinde von ihm für 1500 Pfund Heller das Schultheißenamt. 1371 verlieh Kaiser Karl Heilbronn eine neue Verfassung, die den nichtpatrizischen Kaufleuten, den Handwerkern und Weingärtnern paritätische Mitwirkung im Stadtregiment verlieh.
Vorausgegangen waren hier wie anderswo zahlreiche »Zwietrachten« zwischen den Zünften und dem Patriziat, dessen harten Kern ganze sechs unter sich versippte Familien stellten.
Von einer Demokratie im heutigen Sinne konnte freilich auch nach dem Handwerkerschub aufs Rathaus keine Rede sein. Auch der erweiterte Rat ergänzte sich praktisch aus sich selbst, so daß später im Bauernkrieg die Heilbronner gegen ihren »vetterlins radt« wetterten. Außerdem hatte Karl IV. in seiner Verfassung die Zünfte als politische Formationen aufgelöst und nur noch religiös-soziale Brüderschaften erlaubt. Trotzdem – als die Stadt 1464 das längst zur Statistenrolle degradierte Vogtamt erwarb, war die Reichsfreiheit besiegelt.

Neckarprivileg und Weingärtnerstand

Das wirtschaftliche Erstarken Heilbronns schuf die Voraussetzungen für seine politische Emanzipation. Zufall, Tüchtigkeit und Weitsicht mengten sich dabei. Ums Jahr 1300 war beispielsweise die älteste, noch römisch fundierte Neckarbrücke des Landes bei Wimpfen von einem Eisgang mitgerissen und nicht wieder aufgebaut worden. Heilbronn sprang mit einem Brückenschlag in die Bresche und zog den Frachtwagenverkehr von West nach Ost endgültig an sich.
Weitreichender waren die Auswirkungen, die das Hochwasser des Jahres 1333 provozierte. Bis dahin floß der Hauptarm des Neckars mehr westlich, am Böckinger Ufer entlang, während die Stadtmauer nur von einem schmalen Seitenarm bespült wurde. Nun war der Neckar nach einem Hochwasser bei Sontheim in dieses Seitenbett eingebrochen. Im Westen blieb nur ein Altwasser zurück, der Böckinger See, dessen Reste 1948 zugeschüttet wurden und dem die Böckinger ihren Spitznamen »Seeräuber« verdanken. König Ludwig der Baier mußte in dem Streit zwischen der Stadt und dem in Sontheim regierenden Deutschen Orden vermitteln. Dabei rangen ihm die Heilbronner im August 1333 das Privileg ab, daß sie »den Nekkher sollen wenden und keren, wohin sie dunket, daß es der Stete allernutzlich sey«.
Dieses einzigartige Wasserbauprivileg sicherte Heilbronn bis zum Ende seiner Reichsstadtzeit das Umschlagmonopol für alle auf dem Neckar beförderten Waren. Sofort wurde der neue östliche Hauptarm des Flusses entlang der Stadtmauer durch Wehre drei Meter hoch aufgestaut. Weiter kam nun kein Schiff mehr den Neckar herauf, den Neckar hinunter. Nur eine schmale Gasse für die Schwarzwaldflößer durchbrach diesen Wehrriegel.
Als Endhafen gewann die Stadt damit endgültig das Stapelrecht, das Umschlagmonopol und damit ein florierendes Speditionsgewerbe. Das Neckarprivileg begründete aber auch das mittelalterliche Industrierevier Heilbronns. Zahlreiche Mühlen nutzten hier die gestaute Wasserkraft, Hammerwerke stampften ihren Takt dazu. An dieser Mühlengasse des gestauten Neckars wuchs schließlich im frühen 19. Jahrhundert die heutige Industriekapitale Heilbronn. Nirgendwo vor Einführung der Dampfkraft gab es im Land eine solche Ballung an Energie, an Wassertriebwerken wie hier. Diesen Vorsprung wußte Heilbronn zu nutzen.

Mit der Sperre des Neckars, die Heilbronn handelspolitisch zum »Schlüssel Süddeutschlands« machte, begann der Aufbau eines reichsstädtischen Territoriums. Noch im Jahr 1333 kaufte der Rat vom Grafen von Löwenstein das Dorf Alt-Böckingen, ein Reichslehen, nur wenig östlich der Stadt beim Trappensee gelegen und nicht zu verwechseln mit dem heutigen Stadtteil Böckingen westlich des Neckars. Die ausgedehnte Gemarkung Alt-Böckingens wurde zu der Heilbronns geschlagen, die Dorfbewohner siedelten sich geschlossen innerhalb der Stadtmauern an. Heute erinnert kein Stein mehr an die abgegangene Siedlung.

1341 kaufte die Stadt dann Neckargartach, 1385 Flein, 1438 Frankenbach. Zuvor schon war ihr schrittweise der Erwerb Böckingens gelungen. In den vier reichsstädtischen »Herrendörfern« vertrat ein patrizischer Vogt die Obrigkeit. Bis auf den Bauernkrieg, bei dem sich besonders die Böckinger hervortaten, und eine von Württemberg geschürte Rebellion der Neckargartacher im 18. Jahrhundert kam man gut miteinander aus.

Als die Alt-Böckinger in die Stadt zogen, stärkten sie dort das Gewicht der Weingärtner, »des Standes«. Im Gegensatz zu den meisten eingesessenen Wengertern, die in Erbpacht oder als Taglöhner den Rebbesitz geistlicher und weltlicher Herrschaften bearbeiteten, waren sie Eigentümer ihrer Weinberge. Das Rebland der Stadt, ohne die Herrendörfer, umfaßte gegen Ende des Mittelalters etwa 600 Hektar. Entsprechend lebhaft war der Weinhandel. Die Stadt bemühte sich, möglichst alle Einfuhren mit der goldenen Währung des Weins zu begleichen. Wichtigste Partner waren die Reichsstädte Frankfurt und Nürnberg, später auch Ulm, Augsburg und Regensburg. Salzwagen aus dem Bairischen nahmen Weinfässer als Rückfracht.

Von der weinreichen Gemarkung profitierten auch die Ordensniederlassungen in Heilbronn. Neben den hier ansässigen Klöstern der Franziskaner, Karmeliter, Klarissinnen besaßen zahlreiche auswärtige Konvente Pfleghöfe in Heilbronn, so Adelberg, Billigheim, Hirsau, Lichtenstern, Lorch, Maulbronn, Schöntal und Kaisheim, hier seltsamerweise meist Kaisersheim genannt. Ein barockes Weinberghäuschen mit Kaisheimer Abtswappen am Hundsberg erinnert daran, ebenso die Lage Stiftsberg. Daß die meisten dieser geistlichen Niederlassungen gefreit, also steuerfrei wirtschaften konnten, machte natürlich böses Blut unter den Bürgern. Die meisten Reibereien gab es mit den selbstbewußten Deutschherren, die ein kleines Territorium rund um Heilbronn besaßen.

Die Betbücher, Listen für die Vermögenssteuer, die Bet, erhellen das soziale Gefüge der Reichsstadt am Neckar. Der Steuersatz von einem halben Prozent mutet bescheiden an. Steuerprivilegien waren rar. So blieb der begehrte Bildschnitzer Hans Seyfer von Bet, Torhut und Frondienst befreit, meist auch der Stadtarzt. Höchst einträglich war das Ungelt, eine Art Weinverbrauchssteuer. Das Gesamtvermögen der Bürger wies erhebliche Schwankungen auf. 1399 wurden 425 600, 1469 nur noch 230 600 Gulden versteuert, im Jahr des Bauernkrieges aber schon wieder 986 600 Gulden. Besonders fällt der Rückgang der großen Vermögen im 15. Jahrhundert auf. Schuld daran waren die endlosen Fehden mit dem Adel, die Städtekriege mit den Fürsten. Die allgemeine Unsicherheit zu Lande und auf dem Wasser ließ betuchte Unternehmen damals abwandern. 1361 brachen die Heilbronner die Burg der Herren von Klingenberg und bauten mit den billig gewonnenen Quadern ihren Götzenturm. Der Eintritt in den Schwäbischen Städtebund 1377 bescherte eine Belagerung durch den Pfalzgrafen und den Markgrafen von Baden. Die Stadt hielt stand, mußte aber die Verwüstung ihrer Reben von den Mauern mitansehen. Die Niederlage der Städter gegen Graf Eberhard auf dem Döffinger Kirchhof anno 1388 traf auch das Heilbronner Aufgebot von 54 Spießen. Um das verbündete Esslingen zu entlasten, fielen die Reichsstädter 1450 ins Wirtembergische ein, schlugen 40 Leute tot und entführten Vieh. An der darauf folgenden Belagerung nahm neben Wirtemberg und Baden auch Kurmainz teil. Weinberge und Dörfer wurden ruiniert. Eine Allianz mit Kurpfalz riß die Stadt wenig später in den Pfälzer Krieg und brachte die Feuerprobe einer dritten Belagerung.

Die Wehrmännerliste spiegelt den Stand der Gewerbe ums Jahr 1500 wider. Heilbronn besaß damals etwa 4400 Einwohner. Fürs städtische Aufgebot stellten die Gerber 11, Kürschner sowie Schneider und Tuchscherer je 10, Schmiede und verwandte Berufe 22, die Schuster 15 Mann. Krämer, Seiler, Maler, Hutmacher, Nestler, Glaser, Barbiere, Wirte und Seckler beteiligten sich mit 36, die Büttner mit 27, die Metzler mit 13, die Zimmerleute und Maurer mit 16, die Bäcker mit 11, die Weber mit 9, die Fischer mit 8 und die Bader mit 3 Mann. Die 14 als

»Bürger« geführten Patrizier werden wohl Offiziersrang bekleidet haben. Das stattlichste Aufgebot aber stellte »der Stand« mit 87 wehrpflichtigen Weingärtnern.

Trotz der unruhigen Zeiten behauptete sich Heilbronn. Eingeklemmt zwischen den Neckarmächten Wirtemberg und Kurpfalz, angewiesen auf den wägenden, wagenden Handel und die verletzliche Rebkultur waren nach den martialischen Kraftproben des späten Mittelalters Diplomatie und Taktieren Trumpf. Dabei wurde weder an Geldsalben noch an Weinverehrungen gespart. Ohne das Flußprivileg mit seinem einträglichen Umschlagmonopol wäre das isolierte Heilbronn bald zum Spielball der Fürsten herabgesunken. An diesem Privileg hielt es deshalb eifersüchtig fest, so daß Herzog Christoph grollte, die Stadt gebärde sich als »ein Klein-Venedig, das alle Handelssachen an sich ziehen« wolle.

Respekt vor den Heilbronnern hatte übrigens der sonst wenig zimperliche Götz von Berlichingen, der von 1519 bis 1522 beim Kronenwirt am Markt in ritterlicher Haft des Schwäbischen Bundes saß. Zwei patrizischen Freunden aus dieser Zeit hat der Bürgerschreck sogar seine dank Goethe ungemein wirkungsreiche »Lebensbeschreibung« gewidmet.

Finanzielle Handlungsfreiheit verschaffte sich der Rat nach dem Aderlaß der Städtekriege mit einem nicht unbedenklichen Finanzmanöver. Hatte bisher Steuerpflicht nur ab einem Vermögen von 200 Gulden bestanden, so wurde die Bet nach dem Abwandern kapitalkräftiger Familien auf Kleinvermögen bis zu zehn Gulden ausgedehnt. Der unveränderte Steuersatz von einem halben Prozent schonte die großen Hansen auf Kosten des kleinen Mannes. Das mußte die Spannungen in der Bürgerschaft verschärfen.

Bauernkrieg und Reformation

Eine Überlieferung läßt darauf schließen, daß der Bundschuh, eine revolutionäre bäuerliche Bewegung am Oberrhein, auch Anhänger in der Reichsstadt am Neckar besaß. Jost Fritz, der legendäre Streiter für »göttliche Gerechtigkeit«, hat die Bundschuhfahne angeblich bei einem Heilbronner Maler anfertigen lassen, der unweit vom Predigerkloster wohnte; tatsächlich ist um diese Zeit ein Maler Stefan Bart dort bezeugt. Auch der »Arme Konrad«, ein bäuerlicher Aufstand, der 1514 von Herzog Ulrich niedergeschlagen wurde, hatte Anhänger gewonnen. Zwei Böckinger mußten sich deswegen verantworten.

Einer von ihnen war der Schwager des Jäklein Rorbach, der dann im großen Bauernkrieg vom Neckartaler Haufen zum Hauptmann gewählt worden ist. Der Rat hat damals, im Frühjahr 1525, zwischen der Fürstenkoalition des Schwäbischen Bundes und den Rebellen zu lavieren versucht, mußte sich dann aber dem Druck der Gemeinde beugen und ein Bauernaufgebot einlassen. »Mein Spieß sticht keinen Bauern«, hatte ein als Torwache abkommandierter Weingärtner erklärt. Die Gemeinde forderte vom Rat Besteuerung der Geistlichkeit und stärkere Teilnahme am Stadtregiment. Bürger und eingedrungene Bauern ließen ihren Zorn an den Klosterhöfen, vor allem aber an der Kommende der verhaßten Deutschherren aus. Die Ritter mußten die plündernden Bauern beim Zechen mit herabgenommenen Hüten bedienen, die Weingärtner und Handwerker waren »willens ins teutschs hauß zunftheuser zu machen«. Anfang Mai trafen im Schöntaler Hof die Abgesandten eines fränkisch-schwäbischen Bauernparlaments ein. Wendel Hipler, einst Vertrauter der Grafen von Hohenlohe, jetzt Kanzler des Odenwälder Haufens, wollte mit der alten Obrigkeit in Verhandlungen über eine Reichsreform eintreten. Dazu lag ihm ein Entwurf des kurmainzischen Beamten Friedrich Weigandt aus Miltenberg vor. Seine wichtigsten Artikel lauteten: Freie Predigt des Wortes Gottes; »gleich Recht« für alle; Abschaffung des kleinen Zehnten, der Leibeigenschaft und der Verbrauchssteuern auf Wein, Fleisch und Getreide; Maß und Gewicht, dann auch das Geldwesen, müßten vereinheitlicht werden. Der kleine Adel sollte nach kaiserlichem Recht als Polizeitruppe »Friedensschirm« wahren. Die Niederlage der Bauern bei Böblingen am 12. Mai sprengte das Heilbronner Parlament auseinander. Die Stadt mußte sich vor dem siegreichen Schwäbischen Bund verantworten und 4000 Gulden Strafe zahlen. Neun Bürger wurden auf dem Marktplatz geköpft. Im Vergleich zum Strafgericht anderer Herrschaften war das noch maßvoll. Als der Bund drastischere Exekutionen forderte, wies dies der Rat zurück, »es seyen alle christliche Brüder«.

Hier wird das mäßigende Wirken des Pfarrers Lachmann spürbar, der in Heilbronn die Reformation Martin Luthers einführte. Aufgeschlossen dafür war nicht nur der gemeine Mann, sondern auch eine Schicht humanistisch gebildeter Geister. Eine wichtige Rolle spielte die Lateinschule mit ihrem Rektor Konrad Költer. Zu seinen Schülern gehörten so herausragende Reformatoren wie Johannes Lachmann, Johannes Oekolampad und Eberhard Schnepf, aber auch der durch sein Kräuterbuch berühmt gewordene Botaniker Leonhart Fuchs. Lachmann hatte schon ein Jahr vor dem Bauernkrieg nach der neuen Lehre gepredigt. 1528 löste Hans Riesser, auch ein Schüler Költers, den greisen konservativen Konrad Erer im Amt des Bürgermeisters ab. Im gleichen Jahr veröffentlichte Kaspar Gretter, Nachfolger Költers, seinen lutherischen Katechismus.

Behutsam, überzeugend führten Lachmann und Riesser die Reformation in Heilbronn ein. Um so entschiedener schloß sich die Stadt dem Protest der evangelischen Reichsstände in Speyer an. 1530 schworen Rat und Gemeinde, mit »leib und gut« für den neuen Glauben einzustehen.

Mars regiert das Jahrhundert

Heilbronn und seine Bürger wurden auf eine harte Probe gestellt. Ihre protestantische Bündnispolitik mußte die Reichsstadt nach der Niederlage des Schmalkaldischen Bundes gegen Kaiser Karl V. mit einer spanischen Strafgarnison büßen. Im Dezember 1547 zog der gichtleidende Kaiser in einer Sänfte ein, gab dem Patriziat die alleinige Regierungsgewalt zurück und verließ Heilbronn im Januar »hoch zu Roß«; angeblich hatte ihn das Wasser des Kirchbrunnens geheilt. Die Stadt blieb beim neuen Glauben, mußte aber dem Würzburger Bischof für seine verlorenen Rechte jährlich 620 Gulden zahlen, bis 1855 dieser Tribut mit einer größeren Summe abgelöst werden konnte.

Das 1555 im Augsburger Religionsfrieden bestätigte Miteinander von Protestanten und Katholiken erwies sich mit dem Erstarken der Gegenreformation als Scheinfrieden. Mehrmals zwischen 1594 und 1618 trafen sich die protestantischen Fürsten und Reichsstädte in Heilbronn, um über eine gemeinsame Abwehr zu beraten. Daß daran auch Gesandte der Generalstaaten, Frankreichs und Savoyens teilnahmen, verrät, wie sehr der Glaubenskampf im Reich schon in die europäische Machtpolitik verstrickt war. Bald brachen 30 Jahre Krieg über Deutschland herein.

Bei Wimpfen schlug Tilly 1622 das Heer des Markgrafen von Baden-Durlach. Die Dörfer, vor allem Neckargartach, litten schwer unter der spanischen Soldateska. Heilbronn selbst hatte sich für neutral erklärt und die Tore geschlossen. Später mußte die Stadt doch eine kaiserliche Besatzung aufnehmen und geriet damit in einen Teufelskreis von Beschießung, Besetzung, Plünderungen und Kontributionen. 1631 zogen die Schweden unter General Gustav Horn ein. Nach dem Tod von König Gustav Adolf bei Lützen berief der schwedische Kanzler Axel Oxenstierna im Frühjahr 1633 einen Kongreß der protestantischen Stände Süddeutschlands im Deutschhof ein, an dem auch Gesandte Englands, Frankreichs, Hollands und Dänemarks teilnahmen. Man beschloß, den Krieg weiterzuführen, »bis die teutsche Libertät wiederum stabilisiert« und die »Restitution der evangelischen Stände erlangt« sei.

Den Sommer darauf erlitten die Schweden und ihre Verbündeten bei Nördlingen eine verheerende Niederlage. Heilbronn mußte sich nach dreitägiger Kanonade dem Kaiser Ferdinand ergeben. Die Pest raffte ein Viertel der Einwohner in Stadt und Land hinweg. Mehrmals noch wechselte die Stadt den Besitzer. Zeitweilig hatte der französische Marschall Turenne hier sein Hauptquartier aufgeschlagen. Erst vier Jahre nach Friedensschluß, 1652, zogen die letzten Truppen ab.

Im Zeitalter der französischen Raubkriege spielte die Reichsstadt am Neckar eine Schlüsselrolle, da sie »zur Vormauer von Deutschland mit dienen mußte, ansehnlich und regelmäßig befestigt und mit sieben Bollwerken vermehrt« wurde. Trotzdem nahmen 1688 die Franzosen die unzureichend bemannte Festungsstadt ein; nur ein rasch anrückendes Entsatzheer bewahrte Heilbronn vor der Sprengung seiner Türme und Mauern. 1693 wäre es vor der Stadt fast zur Schlacht gekommen; die zwischen Heilbronn und Talheim verschanzten Truppen des »Türkenlouis« konnten aber einen Neckarübergang der Franzosen abwehren.

Die Reichsstadt im Abendschein

Ein paar, wenn auch nicht friedliche, so doch gedeihliche Dezennien waren Heilbronn am Ende seiner Reichsstadtära noch vergönnt. Eine aufgeklärte Regierung sorgte gleichermaßen für Handel und Weinbau, freilich zu Lasten des Handwerks. Neu eingeführte Märkte vermittelten den Handel mit Mastvieh zwischen Hohenlohe und den Rheinlanden bis hinein nach Frankreich. Ölmühlen am Neckar boten den Bauern lohnenden Anbau von Raps und Mohn, Leinwandbleichen regten den Flachsbau an. Der Bürgermeister Georg Heinrich von Roßkampf ließ um die Stadt Tausende von italienischen Pappeln als Blitzschutz pflanzen. Auch so etwas wie eine mit öffentlichen Mitteln geförderte Altstadtsanierung gab es damals schon; Steinbauten sollten die mittelalterlichen Fachwerkhäuser ablösen. Die Handelsmetropole bezog ihre Kolonialwaren für den süddeutschen Markt nun auf dem Flußweg von Rotterdam. 60 Handelshäuser bestanden damals, deren Inhaber »weit mehr Cosmopoliten als andere Reichsstädter« waren. 1790 konnte der Rat die Vermögenssteuer auf ein drittel Prozent senken.

Bedeutende Heilbronner jener Jahre waren der in Wien wirkende Miniaturenmaler und Akademiedirektor Heinrich Friedrich Füger und der Prominentenarzt Eberhard Gmelin, von dessen Magnetismustherapie sich Schiller bei seinem Besuch in der Heimat Heilung erhoffte. Aus der Kur wurde nichts. Dafür staunte Schiller bei seinem Besuch 1793: »Die Menschen sind hier freier, als in einer Reichsstadt zu erwarten war.« Der Freizeitastronom, Senator und spätere Bürgermeister Christian Ludwig Schübler soll nach Familienüberlieferung dem Dichter des »Wallenstein« für den Seni Modell gestanden haben.

Vier Jahre später traf Goethe auf seiner dritten Schweizer Reise in Heilbronn ein. Es war ein bewußt als Bildungstour angelegtes Unternehmen. Im August 1797 quartierte er sich für zwei Tage in der »Sonne«, in der Sülmerstraße, ein. Im Tagebuch notierte Goethe: »... daß die Stadt durch den Grund und Boden, den sie besitzt, mehr als durch etwas anderes wohlhabend ist; daß die Glücksgüter ziemlich gleich ausgeteilt sind ..., daß sie auf gemeine bürgerliche Gleichheit fundiert ist ...«

Am Abend des 28. August fuhr Goethe mit dem Bruder des Sonnenwirts auf den Wartberg: »Wir fanden eben die Sonne als eine blutrote Scheibe in einem wahren Schirokkoduft rechts von Wimpfen untergehn ... Alles, was man übersieht ist fruchtbar; das nächste sind Weinberge, und die Stadt selbst liegt in einer großen grünen Masse von Gärten. Es sollen 12 000 Morgen Weinberge um die Stadt liegen; die Gärten sind sehr teuer, so daß wohl 1500 Gulden für einen Morgen gegeben werden.«

Man sieht bei dieser Passage die etwas gravitätische, damals recht beleibte Respektsperson Goethe förmlich vor sich, wie er behaglich zwischen den Rebstöcken steht und trotz des flammenden Sonnenuntergangs als praktisches Weltkind nicht versäumt, bei seinem ortskundigen Begleiter die Grundstückspreise zu erfragen.

Trotz der gewittrigen französischen Revolutionskriege hatte Heilbronn seinen Wohlstand gewahrt, sich den inneren Frieden erhalten. Mit dem Aufstieg Napoleons aber setzte der Ausverkauf des Heiligen Römischen Reiches Deutscher Nation ein. Die mit Paris alliierten Rheinbundstaaten kassierten ab. Am 9. September 1802 besetzte württembergisches Militär die Stadt, im November folgte das förmliche Besitzergreifungspatent. Die Heilbronner weinten, als am Rathaus der Reichsadler fiel. Als der zum Kurfürst und König avancierte dicke Friedrich bei seiner Antrittsvisite einen Husaren auf dem Marktplatz ausprügeln ließ, rief ein Weingärtner aus der Zuschauermenge: »Da gucket noa, Leut, so geht's oam, wemmer würdebergisch wird!«

Fabrikschornsteine statt Wehrtürmen

Als sich der Habsburger Kaiser Franz, der Zar Alexander und der württembergische Kronprinz Wilhelm 1815 im Rauch'schen Palais am Marktplatz trafen, um über den letzten Feldzug gegen Napoleon zu beraten, als die frömmelnde Freifrau Juliana von Krüdener den Zaren hier in Heilbronn zur Gründung einer Heiligen Allianz aller Potentaten bewog, zeigte die Neckarstadt noch die vertrauten Umrisse einer mauergewappneten Feste. In den folgenden Jahren fiel dann ein Tor, ein Bollwerk nach dem anderen. Die zugeschütteten Stadtgräben verwandelten sich in einen Ring grüner Alleen. Statt der Wehrtürme flaggten Fabrikschornsteine ihre Dampffahnen. Die Lithographien der taubstummen Brüder Fritz und Louis Wolff haben das Bild des gar nicht so biedermeierlichen Heilbronn bewahrt.

Die napoleonische Kontinentalsperre hatte den Handel mit Kolonialwaren zerrüttet. Nun stiegen die Handelsherren mit ihrem Kapital zielstrebig ins Mühlengeschäft ein. Zwei Papiermühlen, Rauch und Schaeuffelen, wandten sich dem eigentlichen Fabrikbetrieb zu. Spinnereien siedelten sich an. Gustav Schaeuffelen stellte bald auch eigene Papiermaschinen her. Aus den Farbmühlen wuchs eine chemische Industrie, nachdem dem Seifensieder Friedrich Michael Münzing die Produktion von Schwefelsäure geglückt war. Landprodukte wurden in den Brauereien, in drei Tabakfabriken und in der Zichorienfabrik Knorr verarbeitet. Handwerksbetriebe der Metallbranche wie die Messerschmiede Dittmar und die Silberschmiede Peter Bruckmann stellten sich auf rationelle Serienproduktion um. Bruckmann holte die erste Dampfmaschine nach Heilbronn.

Mit der Reichsfreiheit hatte die Stadt auch das Neckarprivileg verloren. Württemberg konnte nun den alten Traum einer durchgehenden Wasserstraße von Cannstatt bis zum Rhein verwirklichen. Ein Abbruch der Heilbronner Neckarwehre hätte jedoch die aufstrebende Mühlenindustrie, die vom Energiereservoir des gestauten Flusses lebte, buchstäblich trockengelegt. Deshalb entwarf der ehemalige Karlsschüler Karl August von Duttenhofer einen 400 Meter langen Umgehungskanal für die Schiffahrt, der 1821 als Wilhelmskanal eröffnet wurde. Heilbronn blieb Hafenstadt am geöffneten Neckar und konnte trotzdem seine damals unschätzbaren Wassertreibkräfte weiternutzen.

1838 zählte die Stadt 20 Fabriken mit 500 Arbeitern und stand damit an der Spitze im Königreich. 1840 traf das erste von Rotterdam kommende Frachtschiff ein. Das Jahr darauf verkehrte schon das erste Dampfschiff zwischen Mannheim und Heilbronn. Karl Etzel vollendete 1848 die Eisenbahnstrecke Stuttgart–Heilbronn. Dem Unternehmungsgeist der Bürger kam die Protektionspolitik König Wilhelms I. entgegen, der das Großgewerbe vom Zunftzwang befreite und mit Erfolg für eine Zollunion der deutschen Staaten eintrat.

Zwischen den Revolutionen

Die 1845 erstmals auftretende Kartoffelfäule, eine Serie miserabler Weinherbste und eine europäische Wirtschaftskrise drängten das Land nach verheißungsvollem Aufschwung an den Rand einer Katastrophe. Die Zahl der Auswanderer schnellte nach oben, die exportabhängigen Heilbronner Fabriken mußten viele Facharbeiter entlassen. In der Revolution von 1848/49 mischten sich Sehnsucht nach nationaler Einheit, Unmut über das reaktionäre System und die offen aufgebrochene Not der Kleinbauern, Handwerker, Arbeiter.

Kampfblatt der Heilbronner Republikaner war das »Neckar-Dampf-Schiff«, in dessen Zeichen sich technischer und politischer Fortschritt verbrüdert hatten. Als im Juni 1848 die Garnison mit den Radikalen gemeinsame Sache zu machen drohte, wurde sie von rasch herbeigeholten loyalen Truppen entwaffnet. Ein Jahr später rückten die Turner, voran Theobald Kerner, Sohn des Weinsberger Dichters Justinus Kerner, aus, um den badischen Aufständischen beizustehen. Der König verhängte darauf den Belagerungszustand über Heilbronn und ließ die Bürgerwehr entwaffnen.

Der gebürtige Heilbronner Ludwig Pfau, streitbarer Journalist und Lyriker, mußte damals ins Exil. Der Naturforscher Robert Mayer, der sich kurz vorher als Arzt in seiner Vaterstadt niedergelassen hatte, wäre um ein Haar von den Radikalen erschossen worden, als er seinem Bruder zur Mäßigung riet. 1841 hatte Mayer in Heilbronn seine Gedanken über das Grundgesetz der Erhaltung der Energie verfaßt, mußte aber jahrelang um Anerkennung kämpfen. Das Stadtarchiv verwahrt sein Hämodynamisches Modell, das die Funktion des Blutkreislaufes darstellt und Mayer auch als bedeutenden medizinischen Forscher ausweist. Die Mühlräder am Neckar hatten den Apothekerbuben aus dem Kirchhöfle früh schon zum Spiel mit einem mechanischen Perpetuum mobile angeregt.

Bedeutende Heilbronner jenes Jahrhunderts waren schließlich auch der frühverstorbene Literat Wilhelm Waiblinger, der Kathedersozialist und Vorkämpfer staatlicher Sozialpolitik Gustav Schmoller, der »König der Konstrukteure« des Automobilbaues Wilhelm Maybach sowie der Chemiker Friedrich Stolz, der das fieber- und schmerzstillende Pyramidon erfand und dem als erstem die synthetische Herstellung eines Hormons gelang. Nach der Depression der vierziger Jahre setzte ein neuer Aufschwung ein. Das läßt sich am Umschlag der Steinkohle für die Industrie im Land ablesen; allein zwischen 1849 und 1856 wuchs die Zufuhr über Heilbronn ums Sechsfache. Als Talfracht schwamm vor allem Holz neckarabwärts. Wollmarkt, Ledermarkt, Rindermarkt lebten wieder auf. 1855 siedelte sich in Heilbronn eine Zukkerrübenfabrik, 1868 in Sontheim die Zwirnerei Ackermann an. Textilwerke und Maschinenbaubetriebe folgten. 1862 fielen die letzten Fesseln der Gewerbefreiheit.

Der Ausbau der Verkehrswege hielt Schritt. Heilbronn sah sich bald als Knoten im Schienennetz. 1862 wurden die Kochertalbahn nach Schwäbisch Hall, 1866 die Neckartalbahn nach Heidelberg sowie die Strecke Jagstfeld–Würzburg eröffnet. Bescheidener blieben die Kraichgaubahn nach Karlsruhe und das Bottwartalbähnle. 1870 forderte die Handelskammer Heilbronn eine Kanalisierung des Neckars. Die Einführung der Kettenschleppboote bot sich als technische Zwischenlösung an. Die Leinreiter, die mit ihren Pferden jahrhundertelang die Lastkähne flußauf getreidelt hatten, verschwanden aus dem Landschaftsbild.

Binnen eines Jahrhunderts hatte die ehemalige Reichsstadt ihre Einwohnerzahl auf 40 000 versechsfacht, ihre bebaute Fläche von 26 auf knapp 1000 Hektar ausgeweitet. Die Bindung zahlreicher Arbeiter ans Gütle, das soziale Verantwortungsbewußtsein mancher Fabrikanten, die in eigener Initiative Arbeiterwohnungen bauten und eine Krankenfürsorge einrichteten, ließen kein Industrieproletariat aufkommen.

Dafür erlebte die Industriekapitale im 1871 gegründeten Kaiserreich den unaufhaltsamen Aufstieg der Sozialdemokratie. Mit dem »Roten Kittler« zog 1886 der erste Sozialdemokrat ins Stadtparlament ein, 1902 wurde der Rosenwirt Wilhelm Schäffer als erster Sozialist in den Landtag gewählt. Stürmische Zeiten brachen mit der Wahl des konservativen Oberbürgermeisters Paul Hegelmaier an. Von 1884 bis 1903 waltete der ehemalige Staatsanwalt so eigenwillig auf dem Rathaus, daß er mit seinen Stadträten bald in einen erbitterten Kleinkrieg geriet. Trotzdem verdankt Heilbronn dem weitschauenden, energischen Planer und Macher einen Gutteil seines zukunftgerechten Ausbaus. »Höhepunkt und gewissermaßen Abschluß dieser Entwicklung«, so der Stadthistoriker Helmut Schmolz, »bildet die große württembergische Kunst-, Industrie- und Gewerbeausstellung im Jahre 1897, welche Heilbronn als die führende württembergische Industriestadt im elektrischen Lichterglanz, mit Straßenbahnverkehr ... zeigt.« Mit Spenden der Bürgerschaft erstand kurz vor Ausbruch des Ersten Weltkriegs das von Theodor Fischer im Jugendstil entworfene Stadttheater.

Zuvor schon hatte man die gewaltigen Steinsalzlager des Mittleren Muschelkalks bergmännisch erschlossen. Bohrungen bei der Saline Friedrichshall hatten gezeigt, daß der unterirdische Salzstock sehr viel weiter reichte als bisher angenommen. Aufgeschreckt von privaten Bohrplänen trieb die Stadt im Sommer 1882 am östlichen Neckarufer den Meißel nieder, wurde fündig und sicherte sich in raschem Zugriff alle Bergwerksrechte zwischen Neckarsulm und Heilbronn. Hauptabnehmer des Steinsalzes war und ist die chemische Industrie.

1909 tagte in der Harmonie der Evangelisch-soziale Kongreß. Friedrich Naumann, einer der großen Erneuerer des Liberalismus, der die Arbeitermassen mit dem Kaiserreich versöhnen wollte und zugleich von hochgespannten weltpolitischen Perspektiven träumte, fand in Heilbronn starken Anhang. Die von Ernst Jäckh, zwischen 1912 und 1918 dann von Theodor Heuss geführte Neckar-Zeitung wirkte in seinem Sinne. Heilbronn wählte Naumann 1907 auch in den Reichstag. Im August 1914 rückte das in Heilbronn stationierte Füsilierregiment Nr. 122 an die Front. Nach der Novemberrevolution von 1918 und der unrühmlichen Flucht des kaiserlichen Kriegsherren trat das Regiment zum letzten Appell auf dem Marktplatz an; es hatte auf all den Schlachtfeldern mehr als 4000 Mann verloren. Deutschland war geschlagen. Die Inflation brach herein. Die Stadt mußte Notgeld prägen, eine der Münzen trägt den bittern Spruch: »Alle Arbeit wird zur Frohn, bringt sie nicht verdienten Lohn.« Das Berner Seeland und die Stadt Solothurn stifteten im Rahmen der »Schweizerhilfe« Essen und Kleider für die in Not geratene Bevölkerung. Als Ende 1923 die Rentenmark dem Inflationsspuk ein Ende setzte, waren große Teile des Bürgertums verarmt. Das hinterließ Ressentiments gegen die junge Republik.

Der Untergang Heilbronns

Bis zum Ausbruch der Weltwirtschaftskrise im Herbst 1929 war der Weimarer Republik eine Spanne trügerischer Prosperität beschieden. Dann wurde sie zwischen den Extremen von links und rechts zerrieben. Obwohl die Stadt im Zug der 1920 begonnenen Neckarkanalisierung Notstandsarbeiten ausgeschrieben hatte, waren 1932 2500 Heilbronner arbeitslos. Trotzdem holten die Nationalsozialisten bei den Märzwahlen 1933 nur ein Drittel der Stimmen. Sie schmähten Heilbronn als »jüdisch-liberalistisch-marxistische Hochburg«. Am 10. November 1938 klirrten auch hier die Schaufenster jüdischer Geschäftshäuser, brannte die in maurischem

Stil errichtete Synagoge an der Allee. »Wie ein Fanal loderten die Flammen zum Himmel empor«, verkündete die Zeitung.

Ein paar Jahre später brannte Heilbronn.

Als 1939 der Zweite Weltkrieg begann, war allen Verantwortlichen klar, daß die enggebaute Fachwerk-Altstadt bei einem Luftangriff wie Zunder brennen würde. Trotzdem wiegte man sich in falscher Sicherheit. Zwar hatten die Eingemeindungen von Böckingen, Neckargartach und Sontheim die Zahl der Einwohner auf 77 600 erhöht, aber Heilbronn besaß keinerlei kriegswichtige Industrie oder sonstige militärische Bedeutung. Die oft doppelstöckigen Weinkeller wurden vorsorglich zu Luftschutzbunkern ausgebaut. Spätestens die grauenhaften Erfahrungen von Hamburg und Kassel hatten jedoch gezeigt, daß nur rasche Flucht aus dem Stadtkern Rettung verhieß. Davon erfuhr die Bevölkerung nichts, Evakuierungspläne des Kreisleiters wurden abgelehnt.

Am 10. September 1944 kam es am hellichten Mittag zum ersten größeren Luftangriff, der in Heilbronn und Böckingen 279 Menschenleben forderte. In den folgenden Wochen schreckte der geheimnisvolle »Bombenkarle« die Bevölkerung, es waren hochfliegende einzelne Mosquito-Jäger, die Luftminen warfen und Ultrakurzwellen als Richtstrahlen für das Zielobjekt erprobten.

Am 4. Dezember 1944 stiegen 1100 Bomber in England auf, dirigiert von Mosquitos, die das Stadtgebiet kurz nach 19 Uhr illuminierten. Als 19.21 Uhr die örtliche Warnzentrale meldete: »Mit Angriff auf Heilbronn ist zu rechnen«, krachten schon die ersten Bomben. Innerhalb von knapp 30 Minuten prasselten 3000 Sprengbomben, 200 000 Stabbrandbomben, 1500 Flüssigkeitsbomben, 42 Luftminen und 81 Bomben mit Langzeitzünder nieder. Wilhelm Steinhilber berichtet: »Der Stadtkern war an manchen Stellen eine einzige flammende Glut, ein Hochofen, der die Atmosphäre darüber so erhitzte, daß es zu orkanartigen Luftwirbeln und dadurch zu einem mit Hitze geladenen Sturmtief kam . . .«

Häuser barsten. Durch die Allee rannten lebende, schreiende Fackeln. Die meisten der 6530 Opfer, darunter mehr als 1000 Kinder, barg man aus den großen, schutzverheißenden heilgebliebenen Kellern. Das eindringende Kohlenmonoxyd hatte sie zu Gaskammern gemacht. Nur wer sich sofort nach Ende des Angriffs durch Qualm, glühenden Schutt, kochenden Asphalt und Funkensturm stadtauswärts schlug, hatte eine Überlebenschance. Mit 274 Toten hatte der Weingärtnerstand fast die Hälfte seiner Angehörigen verloren. Er war das beharrende Element, Träger der Mundart und Überlieferung gewesen.

Im April 1945 geriet die Trümmerwüste der Altstadt noch einmal in die Feuerzone, als deutsche Truppen tagelang die Neckarlinie verteidigten. Als die amerikanischen Panzer durch die Schuttlandschaft rollten, lasen die Soldaten an mancher Ruine noch die halbverwischte Kreideinschrift »Wir leben«.

Heilbronn – wirtschaftliche und kulturelle Metropole Frankens

von Werner Kieser

Wer hätte nach dem Inferno vom 4. Dezember 1944 gedacht, daß, wie Phönix aus der Asche, aus dem Trümmerhaufen eine lebensfreudige, moderne Großstadt erstehen könnte, die sich selbstbewußt als Bindeglied zwischen dem Ballungsraum Stuttgart und dem Rhein-Nekkar-Raum apostrophiert, am Schnittpunkt des europäischen Autobahnnetzes West–Ost und Nord–Süd.
6530 Menschen mußten an jenem wolkenverhangenen, trüben Dezembertag innerhalb weniger Minuten ihr Leben lassen (darunter 1000 Kinder). 15000 von 25000 Wohnungen waren zerstört, die ganze Innenstadt, so daß unmittelbar nach Kriegsende tatsächlich Pläne bestanden, die Trümmerstätte liegen zu lassen – als Mahnmal gewissermaßen – und im Süden eine neue Stadt aufzubauen.
Aber die Heilbronner wollten ihre Stadt wieder am alten Platz haben, und schon kurz nach dem Zusammenbruch des Dritten Reiches ging man an den Wiederaufbau – allein die Trümmerbeseitigung nahm Jahre in Anspruch. Zu den »Männern der ersten Stunde« zählte, neben dem schon am 13. April 1945 von den amerikanischen Besatzungstruppen eingesetzten Oberbürgermeister Emil Beutinger, auch Paul Meyle, der dann als Stadtoberhaupt von 1948 bis 1967 entscheidend den Wiederaufbau der Stadt geprägt hat. Von ihm stammt der Satz: »Alle Beteiligten waren sich bewußt, daß diese einmalige Katastrophe (vom 4. Dezember 1944) gleichzeitig eine einmalige Gelegenheit zur Neugestaltung dieser Stadt war.« 1946 wurde der Wiederaufbau geplant, jeder Eigentümer im Altstadtgebiet mußte 15 Prozent seiner Grundfläche abtreten, fünf Prozent sogar unentgeltlich. »So gelang eine Verbreiterung der Hauptverkehrsstraßen, eine klare Gliederung der Quartiere mit gleichzeitiger Erhaltung des historisch überkommenen Grundrisses.«
Ein Glück also für Heilbronn, daß in diesen wichtigen Jahren des Wiederaufbaus weitblickende Männer die Weichen für das heutige Stadtbild stellten – mit den Stadtteilen zählte die Stadt 1945 nur noch 46000 Einwohner, heute sind es über 113000 – die später eingemeindeten Stadtteile allerdings inbegriffen. Die Klingenberger machten Heilbronn am 1. Januar 1970 zur Großstadt, später folgten 1972 Kirchhausen, 1974 Biberach, Frankenbach und Horkheim.
Mühsam waren sie schon, die Jahre des Aufräumens und des Wiederaufbaus. Bis heute zeugen Bauruinen noch vom Dezember 1944.
Eine unvergleichliche Bürgerinitiative machte sich in den ersten Nachkriegsjahren ans Werk. Zwar lag das Schwergewicht zunächst auf der Schaffung neuen Wohnraums, doch Bürgersinn hat sich recht bald auch den großen öffentlichen Bauwerken der Stadt zugewandt. 1953 hatten die Heilbronner ihr Rathaus wieder, an das dann bald ein architektonisch behutsamer Neubau angegliedert wurde. Auch das Wahrzeichen der Stadt, die Kilianskirche, deren Chor und Langhaus völlig zerstört, deren Türme schwer beschädigt waren, erstrahlt heute, nach über 30 Jahren Aufbauzeit, im alten Glanz.
Die »gute Stube« der Stadt, die Festhalle Harmonie – modern neu aufgebaut – öffnete 1958 ihre Pforten. Ihr schließt sich eine freundliche Grünzone an, der Stadtgarten, unter dem eine (beim Bau heftig umstrittene) Tiefgarage Hunderten von Autos Platz bietet. 40000 und mehr dieser Benzin- und Dieselrösser fahren heute täglich durch die vierspurig ausgebaute Allee. Ein Grün-

streifen, dort wo ehemals die Fußgänger flanierten, als Sicht- und Geräuschblende mit Büschen und Bäumen bepflanzt, teilt sie. Dort blühen, allen schlimmen Abgasen zum Trotz, Forsythien und Magnolien. Vier Unterführungen unterqueren jetzt die Allee. 1980 wurde die letzte an der Hauptpost, mit einem kleinen Ladenzentrum, fertig.

Vom Wollhausplatz bis zum Berliner Platz führt diese Allee, einst und heute die Prachtstraße der Stadt. Auf dem Wollhausplatz stand das alte Stadtbad – es sank nach einer Sprengung im Februar 1972 in sich zusammen – kurz nachdem das neue Stadt-Sole-Bad am Bollwerksturm mit seinen drei Becken den Wasserratten zur Verfügung stand. Zügig ging's am Wollhausplatz auf den Stadtbadruinen weiter. Schon drei Jahre später öffnete ein wuchtiges, städtebauliche Akzente setzendes Wollhauszentrum mit dem »Kaufhof« und zahlreichen Einzelhandelsgeschäften, mit Tiefgarage und Omnibusbahnhof seine Pforten: Der Einkaufsschwerpunkt in der Innenstadt verlagerte sich damit weiter nach Süden, eine Entwicklung, die bereits mit der Ansiedlung des heutigen Kaufhauses »Horten« in der ersten Wiederaufbauphase begonnen hatte. Die Überbauung des ehemaligen Flammer-Geländes mit einem »City-Süd-Center« an der Wilhelmstraße/Südstraße brachte diese Entwicklung zu einem gewissen Abschluß.

Ein Abschluß ist jetzt auch am anderen, am Nordende der Allee im Werden: Im Oktober 1982 wird dort Heilbronns Musentempel, das Theater, seine erste Spielzeit beginnen und eine große Tiefgarage eröffnet sein. Wie lange es dann aber bis zur Einweihung eines Kulturanbaues für Volkshochschule, Städtische Jugendmusikschule und eventuell auch für Ausstellungsräume des Kunstvereins dauern wird, vermag bei der augenblicklichen Finanzlage niemand zu sagen. Bleibt zu hoffen, daß es darum nicht ein ähnliches Gerangel geben wird, wie die schon manchmal peinliche und lächerliche Streiterei um den Theaterneubau, die sich tatsächlich über Jahrzehnte hinzog.

1970 wurde das alte, im Krieg angeschlagene Theatergebäude, ein schöner Jugendstilbau, gesprengt und an seiner Stelle zunächst ein Parkplatz angelegt. Von da an wurde der Theaterneubau ein kommunalpolitischer Dauerbrenner. Unzählige Sitzungen, Besprechungen, Veröffentlichungen, Denkschriften, Radio- und Fernsehsendungen, Dispute, Feindschaften verwirrten und enttäuschten die Theaterfreunde. Aber einmal war das »Theater ums Theater« doch zu Ende. Mit knapper Mehrheit entschied sich der Gemeinderat endgültig für einen »allerletzten« Baubeschluß. Am 28. November 1979 führte Oberbürgermeister Dr. Hans Hoffmann den ersten Spatenstich fürs Heilbronner Jahrhundertbauwerk, das nun, alles in allem, 60 Millionen DM kosten soll. In der Zwischenzeit agiert ein rühriges Schauspielensemble seit Jahrzehnten im Provisorium Gewerkschaftshaus. Seit Amtsantritt eines neuen Intendanten hat sich eine neue Spielstätte in der Alten Kelter hinzugesellt für Musicals, Matineen und auch für großangelegte Schauspiele. Und alles wartet auf die erste Spielzeit im neuen Haus auf dem Berliner Platz, wo dann auch »kleines« Theater auf einer intimen Studiobühne gespielt werden kann.

Auch das Heilbronner Musikleben hat eine reiche Tradition. International bekannt in Konzertsälen und auf Schallplatten ist das »Württembergische Kammerorchester Heilbronn« unter der Leitung von Jörg Faerber. Es pflegt das klassische Kammermusikrepertoire und ist immer wieder gern zu Mietkonzerten daheim. Das »Heilbronner Sinfonie-Orchester« gibt (zusammen mit den Reutlingern) in der Harmonie Sinfoniekonzerte und volkstümliche Chorkonzerte.

In Heilbronn sind zahlreiche Chöre zu Hause: der großartige Heinrich-Schütz-Chor, von Professor Werner gegründet, mit großem Anhänger- und Mitwirkendenkreis, der Singkranz und der Liederkranz, der Urbanus-Chor der Wengerter und eine gute Stadtkapelle u. a. Daneben bittet der Kilianskantor fast jeden Samstag zu kirchenmusikalischen Kostbarkeiten und – alljährlich – zu Kirchenmusiktagen, und der Kulturring lädt zu Theateraufführungen und Konzerten internationaler Provenienz.

Die Innenstadt wirkt jetzt mit ihrer bunten Mischung von Einzelhandelsgeschäften, Kaufhäusern, auch höheren Ansprüchen genügenden »Lädle« zwar recht großstädtisch, ist aber (Allee, Kaiserstraße, Fleiner Straße, Sülmerstraße und das drum herum) doch immer noch »überschaubare, liebenswerte, schwäbisch-fränkische Mittelstadt«, wie es der Oberbürgermeister anläßlich des Jubiläums »10 Jahre Großstadt« formuliert hat. Der Ministerpräsident des Landes Baden-Württemberg, Lothar Späth, der in Heilbronn einstens die Schulbank drückte, konstatierte eine Entwicklung »von der Metropole des württembergischen Unterlandes zum dynamischen Zentrum Frankens mit weltumspannendem Unternehmungsgeist«.

Bei allen weltumspannenden Höhenflügen, über die bei der Betrachtung der Industriestadt Heilbronn zu schreiben sein wird, die Heilbronner – Einheimische und sich rasch integrierende Zugereiste – lieben wirklich das Überschaubare, und dazu paßt auch der so geschlossene Wiederaufbau des Deutschhofs, des ehemaligen Areals des Deutschritterordens inmitten der protestantischen Reichsstadt (wobei man sich eigentlich immer gut vertragen hat zwischen den Konfessionen, damals und heute!). Das seit 1954 im Deutschhof entstandene Kulturzentrum birgt eine der größten Stadtbibliotheken unseres Landes, eifrig frequentiert, in der regelmäßig meist literarisch-historische Ausstellungen stattfinden. Ein moderner Bücherbus versorgt die Bürger der Stadtteile mit Lesestoff, falls es dort nicht schon, wie z. B. im Böckinger Bürgerhaus, eine Zweigbibliothek gibt. Im Deutschhof haben auch die in den letzten Jahren wohl am meisten expandierenden Institutionen Volkshochschule und Städtische Jugendmusikschule ihr Zuhause, beide fast nicht mehr vertretbar räumlich eingeengt. Von beiden ertönt deshalb immer lauter der Ruf nach dem Kulturanbau ans neue Theater. Außerdem sind in den Deutschhofgebäuden das Stadtarchiv und das stadtgeschichtliche Museum untergebracht, auch sie brauchen dringend zusätzliche Räume. Das Stadtarchiv hat zwar große Teile seines Bestandes im Krieg verloren, seine besonderen Kostbarkeiten, der weltberühmte »Heilbronner Musikschatz« und das Robert-Mayer-Archiv sind aber gottlob erhalten geblieben. Ein umfangreiches Wilhelm-Maybach-Archiv ist im Entstehen. Robert Mayer, Wilhelm Maybach und Wilhelm Waiblinger sind wohl die berühmtesten Söhne der Stadt.

Stadtarchiv und Museum widmen sich nicht nur der Dokumentation, sondern auch der Präsentation ihrer Bestände, wobei gerade in den letzten Jahren das Stadtmuseum sich häufig um Kunstausstellungen auch stadtüberschreitenden Rahmens bemüht. Die staatlichen Behörden, die jetzt noch im Deutschhof untergebracht sind, sollen in einen Neubau, der nicht weit davon, auf dem Justizareal, im Entstehen ist, einziehen. Dann wird es für Archiv und Museum mehr Raum geben. Zusammen mit den erdgeschichtlichen und naturhistorischen Sammlungen, nur wenige Meter entfernt im alten Gerichts- und Fleischhaus, wird die Stadt dann ein Kulturzentrum haben. Voraussichtlich werden dann im Deutschhof-Innenhof, befreit von parkenden Autos, Konzerte, Theateraufführungen (Deutschhofspiele?), Feste und andere »Happenings« stattfinden. In den Fußgängerzonen rings um den Deutschhof sind Werke zeitgenössischer Bildhauer »zum Anfassen« postiert. Auch die einstens umstrittene Käthchenfigur von Hans-Dieter Läpple steht dort, zwar ein wenig versteckt, aber von den Heilbronnern längst angenommen.

Schon in früheren Jahrhunderten war Heilbronn dominierendes Wirtschafts- und Handelszentrum, zu Beginn der Industrialisierung führend in Württemberg, *die* Industriemetropole zwischen Stuttgart und Mannheim. Auch heute hat die Stadt, einem Planungsgutachten zufolge, ihre Funktion im Wirtschaftsgefüge des Landes als ein selbständiger, ergänzender Standort für die Metropole Stuttgart, als Mittler zwischen Landeshauptstadt, dem Oberzentrum Franken und dem sich anschließenden ländlichen Raum. Dynamisch, fortschrittlich, flexibel, qualitativ hochwertig, das sind einige der Attribute, mit denen die Heilbronner Industrie und ihre Produkte von Experten erst vor kurzer Zeit bezeichnet worden sind, ein Wirtschaftszentrum mit überregionaler Ausstrahlungskraft und einer ausgewogenen Struktur. Vor allem Betriebe der metallverarbeitenden Industrie prägen die Wirtschaftsstadt Heilbronn, aber auch die Nahrungsmittelindustrie und das Salzbergwerk spielen eine wichtige Rolle. Heilbronn ist Wirtschaftszentrum mit über 65 000 Beschäftigten, 27 000 pendeln ein, 3000 aus. Ein Viertel aller Industriearbeitsplätze der Region sind im Stadtkreis Heilbronn, der mit 14 Prozent der Bevölkerung der Region 29 Prozent des Bruttoinlandprodukts dieser Region erwirtschaftet. Allerdings, wenn zur Zeit auch Heilbronn noch als »Aktivzentrum« der Region Franken gilt, so zeigt sich doch seit geraumer Zeit eine deutlich abflachende Tendenz. Im Zehnjahresvergleich (1970–1980) ist die Zahl der Industriebeschäftigten in der Region um 19 Prozent gewachsen, im Stadtkreis um 19 Prozent zurückgegangen. Mangelnde Flächen für notwendige Umstrukturierung und zur Erweiterung bestehender Betriebe haben eine ganze Reihe von Unternehmen dazu gezwungen, ins Umland von Heilbronn auszusiedeln – eine Entwicklung, die insbesondere von der in Heilbronn ansässigen Industrie- und Handelskammer für die Region Franken mit Aufmerksamkeit und einem gewissen Bedauern registriert wird. Außerdem mußten einige bedeutende, oft mit dem Namen Heilbronn eng verbundene Familienunternehmen in den letzten Jahren unter wirtschaftlichem Druck aufgeben. Um nur ein paar Namen zu nennen: Seifen-Flammer, Silberwaren-Bruckmann, Werkzeugmaschinen-Weipert, Hammer-Brennerei – Namen mit Weltgeltung! Die allzu späte Erschließung eines neuen Industriegebietes am Rande der Stadt, die sogenannten Böllinger Höfe, hat an der ganzen Entwicklung nichts ändern können, wird aber vielleicht für die Zukunft eine Rolle spielen. Nach wie vor ist die Heilbronner Industrie mittelständisch orientiert. Klein- und Mittelbetriebe überwiegen – nur zwölf Betriebe haben mehr als 500 Beschäftigte.

Seit – 1970 – Heilbronn Großstadt geworden war, konnte es seine Stellung weniger als Industriestadt denn als Handels- und Einkaufsstadt ausbauen. Der Schwerpunkt hat sich eindeutig vom industriellen Sektor auf den Handels- und Dienstleistungsbereich verlagert. Mehr als ein Fünftel aller Einzelhandelsumsätze in der Region Franken werden im Stadtkreis Heilbronn getätigt, beim Großhandel sogar 45 Prozent. Auch das Handwerk hat Boden gewonnen – sein Umsatz hat sich in den letzten zehn Jahren um das Zweieinhalbfache gesteigert. Bei der Betrachtung Heilbronns als Wirtschaftszentrum darf nicht vergessen werden, daß sich die Stadt im Laufe der letzten Jahre zu einem führenden Bankenplatz entwickelt hat und sich die Zahl der landwirtschaftlichen Betriebe – vor allem durch die Eingemeindungen – stark erhöht, die landwirtschaftliche Nutzfläche fast verdoppelt hat.

Und was wäre Heilbronn ohne den Weinbau, über den Heilbronns prominentester Bürger, Theodor Heuss, einstens seine Doktorarbeit geschrieben hat? Zwischen Stiftsberg, Wartberg und Staufenberg erstrecken sich über 550 Hektar Rebfläche und dem Vierteles-Schlotzer, von denen es in Heilbronn überdurchschnittlich viele geben soll, mundet der Trollinger ebenso wie der Riesling und all die anderen an den Hängen um Heilbronn reifenden Weinsorten. Dank einer rührigen Genossenschaftskellerei, die vor einigen Jahren ihre Lager- und Betriebsgebäude nur wenige Meter außerhalb der Heilbronner Gemarkung großzügig und modern aufgebaut hat, haben sich die Heilbronner Weine auch in anderen Bundesländern durchgesetzt. Die Genossenschaft, die Selbstvermarkter und kleinere Familienbetriebe tragen Sorge dafür, daß auch den Heilbronnern selbst der »Stoff« nicht ausgeht. Es ist ein erfreuliches Zeichen, daß gerade in letzter Zeit in Heilbronn die Weinwirtschäftle, gemütlich, gut und preiswert, wieder im Kommen sind, zumal die Besenwirtschaften kaum ausreichen, auch wenn dort die »Drucketse« noch so groß ist.

Wenn von Industrie und Handel die Rede ist, dann darf auch der Heilbronner Neckarhafen nicht fehlen – er steht in seiner Umschlagszahl an sechster Stelle aller deutschen Binnenhäfen. Heilbronns kostbarstes Lastgut, das Salz, geht von hier hinaus in alle Welt, wie übrigens über 14 Prozent aller Heilbronner Industrieprodukte in den Export gehen.

Schon am 7. Januar 1958 meldet der Heilbronner Stadtchronist, daß das zwölfte neue Schulgebäude der Nachkriegszeit eingeweiht worden sei – mittlerweile ist das Angebot an Bildungsstätten ausreichend, sind alle Bildungspläne erfüllt und nur noch kleinere Ausbauten im Gang. Auch mit Bädern – in Hallen und im Freien – sind Heilbronn und seine Stadtteile gut ausgestattet. Das Mineral-Sole-Bad am Bollwerksturm ist nach wie vor eine Attraktion. Das gleiche gilt für Turnhallen, lediglich das Stadion, einst Publikumsmagnet bei einem in höheren Klassen spielenden VfR Heilbronn, befindet sich in einem desolaten Zustand – im Stadtsäckel ist dafür kein Geld.

Seit Jahrzehnten ist Heilbronn die Metropole des Rollschuh-Kunstlaufs – eine ganze Reihe Heilbronner Sportler tragen deutsche, europäische, ja sogar Weltmeistertitel. Karl-Heinz Losch, Dieter Fingerle, Suse Schneider, Uta Keller, Margot Ludolph, Werner Hoffmann, Gabriele Kircher und Petra Schneider – Namen, die von glanzvollem Sportlerruhm zeugen. Der Sportschütze Uli Lind gewann als erster Heilbronner 1976 in Montreal eine olympische Silbermedaille. Für den Eiskunstlaufnachwuchs gibt es seit 1979 die neue Kunsteisbahn am Hospitalgrün. Ideal die enge Nachbarschaft von Hallenbadkomplex, Eislaufbahn und Rollschuhstadion. Im Anschluß an dieses Gelände wird in wenigen Jahren die Landesgartenschau Baden-Württemberg 1985 gewiß Zuschauermassen anlocken.

Für das Heilbronner Bildungsangebot Akzente gesetzt hat auch die Fachhochschule, die einzige Hochschule in der Region Franken. Sie ist aus einer Staatlichen Ingenieurschule hervorgegangen. Die im Gesamthochschulplan II des Landes Baden-Württemberg für Heilbronn prognostizierte Studentenzahl von 3500 oder gar mehr bis 1985 scheint allerdings nicht realistisch zu sein – zur Zeit studieren hier etwa 2000 junge Leute. Die im Süden der Stadt erbauten Hochschulgebäude haben sich bald als zu klein erwiesen, man wich auf leerstehende Fabrikgebäude aus, aber die dringend erforderlichen Erweiterungsbauten und eine neue Mensa – beides fest zugesagt – kochen immer noch auf der Sparflamme im Zuschußhaushalt des Landes, von der Einrichtung neuer Studienzweige – dem Weinbau vor allem – kann vorläufig nicht die Rede sein. Heilbronn und die Region Franken werden wohl weiterhin Stiefkinder der baden-württembergischen Hochschullandschaft bleiben. Dabei ist die vorzügliche Ausbildung an der Fachhochschule Heilbronn weit bekannt, ihre Absolventen sind bei der Industrie gesucht. Ein ganz neuer Ausbildungszweig, die »Medizinische Informatik«, kooperiert eng mit der Medizinischen Fakultät der Universität Heidelberg, die ihrerseits das Heilbronner Klinikum als Ausbildungsstätte nutzt.

In zwei großen Komplexen konzentriert sich die medizinische Versorgung der Heilbronner Bevölkerung, einmal im alten Klinikbereich an der Jägerhausstraße, der auf lange Sicht zwar aufgegeben werden soll, aber dennoch immer wieder Millionenbeträge zur Modernisierung und Rationalisierung erfordert; aufgegeben zugunsten eines großen, modernen, zentralen städtischen Klinikums am Gesundbrunnen im Westen der Stadt, zu dem der Gemeinderat bereits 1956 erstmals grünes Licht gegeben hatte und das seitdem zügig erweitert und ausgebaut wird.

Es ist sicher nicht nur in Heilbronn so, daß erst durch Eingemeindungen eine große Einwohnerzahl zustande kommt. Im Kernstadtbereich Heilbronn wohnen 55000 Einwohner, also nicht einmal 50 Prozent der Gesamtbevölkerung – Böckingen mit jetzt 23000 Einwohnern gehört schon beinahe 50 Jahre zur Stadt (aber auch heute noch sprechen die Böckinger, die den Spitznamen »Seeräuber« tragen, von den »Heilbronnern« und umgekehrt). Auch Neckargartach mit 9000 Einwohnern und Sontheim mit 7000 kamen schon vor dem Zweiten Weltkrieg zur Stadt. Die Nachkriegseingemeindungen brachten zusätzlich zwar »nur« etwa 15000 Einwohner, aber eine 56 Prozent größere Gemarkungsfläche und 95 Prozent mehr landwirtschaftliche Nutzfläche. Gleichzeitig wurden Stadt-Umland-Probleme, die die Stadt nicht tangiert hatten, zu internen Aufgabenstellungen: die Verkehrserschließung, nämlich die Anbindung der Stadtteile ans Verkehrsnetz oder auch die Verbesserung der Infrastruktur der einzelnen Stadtteile, z. B. Hallenbäder, Freibäder, Sporthallen. Allerdings sind die Stadtteile mit sich verstärkender Tendenz nun auch Wohnvororte für die Kernstadt geworden. Probleme mit der Erhebung zum Sitz des Regionalverbandes, zum Oberzentrum der baden-württembergischen Region Franken (die flächengrößte des Bundeslandes), hatte Heilbronn wohl kaum – das größere Image ist der im Regionsgebiet recht peripher gelegenen Hauptstadt für 700000 Einwohner gewissermaßen zugeflogen. Handel und Gewerbe haben sich auf ein Einzugsgebiet von über 450000 Einwohner eingestellt, das über den Neckartalbereich auch in andere Regionen, in den Neckar-Odenwald-Kreis bis Mosbach z. B. oder auch bis nach Sinsheim und bis nach Bietigheim–Backnang und in die Landkreise Hohenlohe (Künzelsau/Öhringen) und Schwäbisch Hall hineinreicht, besonders seit die Bundesautobahnen nach Nürnberg und Würzburg sich für Heilbronn als Zubringer auswirken. Für den Main-Tauber-Kreis gilt dies allerdings nicht, dort zieht die mainfränkische Metropole Würzburg Besucher und Käufer an.

Wenn auch von vielen ob ihres großzügigen Wiederaufbaus gepriesen, von manchen vielleicht auch beneidet, Probleme hat die Stadt Heilbronn wohl auf Jahre hinaus. Einige Großbauprojekte wie Finanzamt, Polizeidirektion (gerade diese beiden Bauten übrigens hervorragend in die Stadtlandschaft hineinkomponiert), Behördenzentrum auf dem Justizareal, der großzügige Ausbau der Neckartalstraße und schließlich der Theaterbau auf dem Berliner Platz kann man auf dem Wunschzettel sicher abhaken – in der Addition viele hundert Millionen, für die Stadt, Land und Bund schon gehörig ins Säckel greifen mußten –, aber nun steht die Stadterneuerung, die Sanierung an – auch wieder ein Projekt für Jahrzehnte. Umfassend in Angriff genommen und gut vorgeplant ist die Sanierung der Ortskerne von Sontheim und Neckargartach, als weitere Vorranggebiete Kirchhausen, die Heilbronner Bahnhofsvorstadt und Alt-Böckingen. 1975 wurde in Alt-Böckingen ein neues, eigenwilliges Zentrum für runde 7,5 Millionen Mark seiner Bestimmung übergeben: das Bürgerhaus, Modellprojekt fürs ganze Land. Dies war der erste Impuls für die Umgestaltung des alten Böckingen. In der Heilbronner Bahnhofsvorstadt wirkt als Schrittmacher für die beginnende Sanierung das seit 1980 als Feierraum nutzbare Schießhaus, ein gekonnt restauriertes Juwel des Rokoko. Der um dieses Haus am Hammelwasen (früher wurden dort Vieh- und Pferdemärkte abgehalten) angelegte Garten und eine kleine Fußgängerzone könnten Impuls sein für eine großzügige Umgestaltung der Bahnhofsvorstadt. Bis dieses Projekt, vor allem schwieriger Eigentumsverhältnisse wegen und weil auch umfangreiche Straßenbauten erforderlich wären, realisiert werden kann, wird noch so manches Jährlein ins Land gehen.

Daß die Heilbronner auch zu leben und zu feiern wissen, zeigt eine Vielzahl von Festen im Jahreslauf. Das beginnt schon recht bald im Frühjahr mit dem traditionellen Pferdemarkt inmitten der Stadt, ihm folgt das Stadtfest (im Wechsel mit dem 1980 erstmals veranstalteten Nekkarfest: »Bürger, denkt daran, durch unsere Stadt fließt ein Fluß!«), dann der traditionelle »Heilbronner Herbst« auf der Theresienwiese – ein Weinfest mit Schoppengläsern, Weinseligkeit, Herbstrittern und einem Schlotzermarsch vom Rathaus auf die »Wiese«. Wenige Tage später feiert man im Heilbronner Weindorf rings ums Rathaus. Das Fest ist zwar erst ein paar Jahre alt, ist aber wohl das beliebteste für alle Bevölkerungsschichten und besonders für die jungen Leute, neben all den vielen anderen kleinen Festen, wo sich die fränkischen und schwäbischen und reingeschmeckten Bürger dieser »alten Reichsstadt und jungen Großstadt« (so ein gekürter Werbespruch) zum fröhlichen Feiern zusammentun.
Dies ist wirklich eine Stadt, in der man gerne lebt.

1   Die Legierung von Alt und Neu prägt auch das Rathaus von Heilbronn: hier vom Turm der Kilianskirche aus gesehen. Marktstände setzen farbige Tupfen.

IUNIUS.
MAIUS.

Der Widder kampff Dir klarlich Deutt
Das mitt der Zeitt Zeitt hab ein Streitt

6 Eine feine Barock-Intarsie in der Marktplatzfront: das Zehendersche
7 Vom Rokoko-Archiv der Reichsstadt am Kieselmarkt hinterm Rathaus
Fassade geblieben.

2–5 Wiedererstanden ist die in farbigem Gold gehaltene Kunstuhr der
Isaak Habrecht: Überm Hahn stoßen mit jedem Stundenschlag die Widde
figurenreichen Uhrwerk hält ein Engel den Wappenadler der Reichsstadt;
bläst vor jedem Stundenschlag; kniend und doch selbstbewußt: der Baume

8   Postkarte eines Jugendstilbildes im Trauzimmer, das mit der jahrhundertealten Innenausstattung des Rathauses beim Luftangriff am 4. Dezember 1944 verbrannte.

9   An einem großen Hufeisentisch tagt der Gemeinderat der jungen Großstadt Heilbronn.

10   Unter den Arkaden des Rathauses hat das Original des »Männle« vom Turmoktogon der Kilianskirche Obdach gefunden; hier läßt es sich nach Ratskeller-Tradition auch gut vespern...

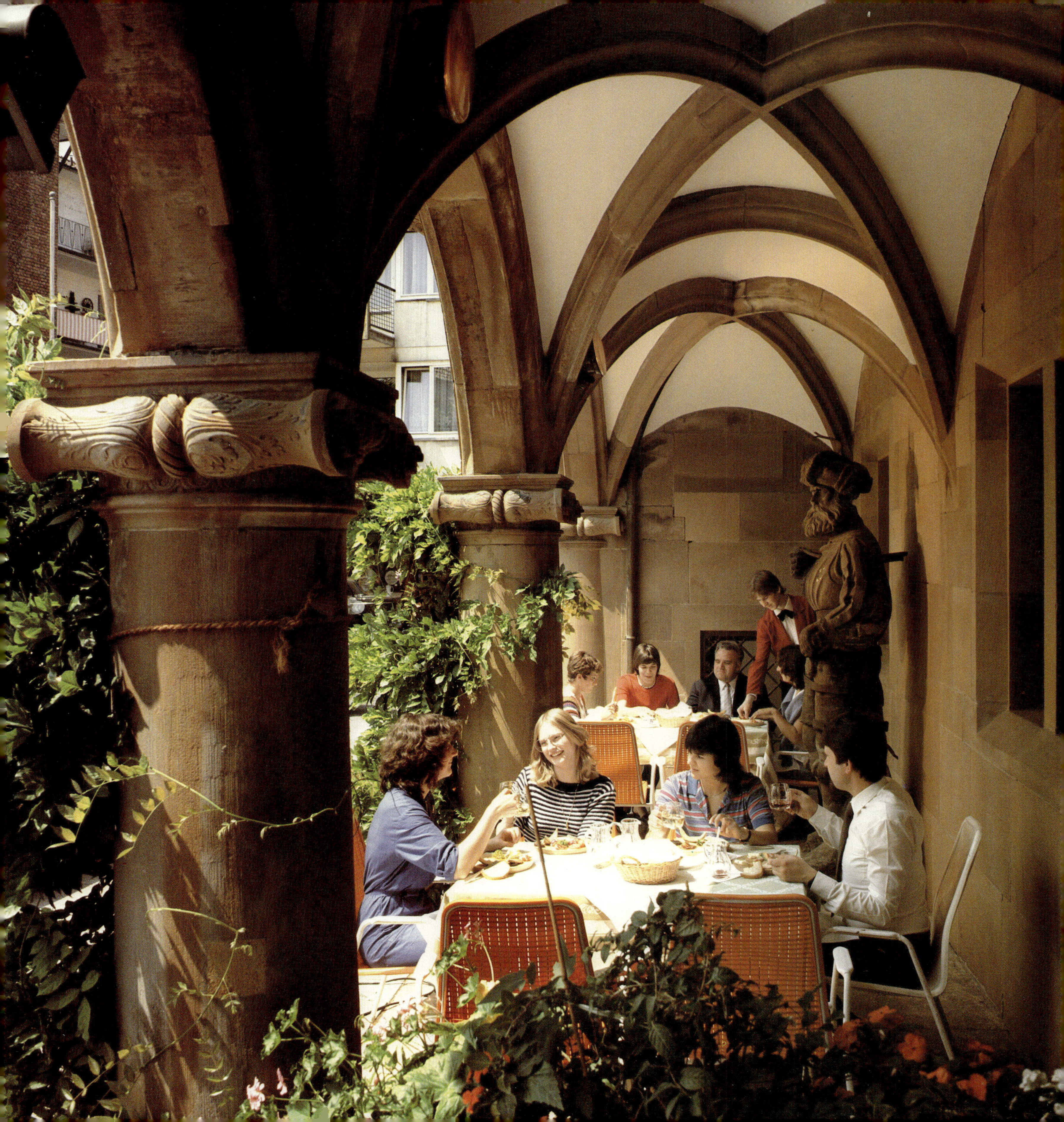

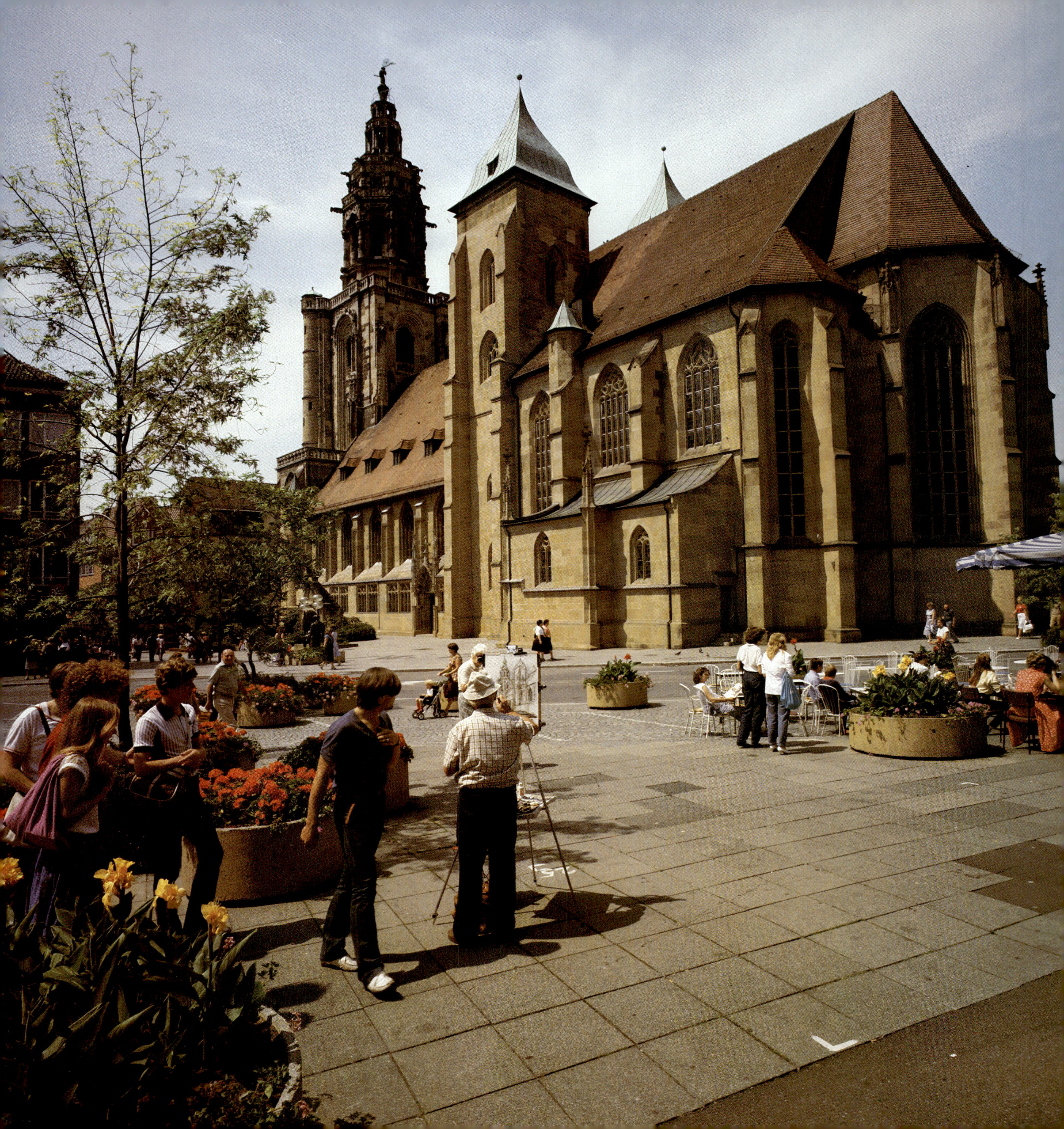

11   Ein Malerblick auf Chor und Westturm der Kilianskirche.

12   Kühn verjüngt sich der Westturm der Kilianskirche, bekrönt vom »Männle« mit dem Schwert und dem Wappenbanner der Freien Reichsstadt.

13   Ein eigenwilliger Zeuge der erwachenden Renaissance nördlich der Alpen ist der von Hans Schweiner 1529 vollendete Westturm der gotischen Kilianskirche.

14   Aus dem warmtonigen, feinkörnigen Schilfsandstein der Keuperlandschaft sind Zierat und Treppen des Kirchturms gehauen.

15   Aus schwindelnder Höhe ein Blick über Heilbronn und die Neckarmulde.

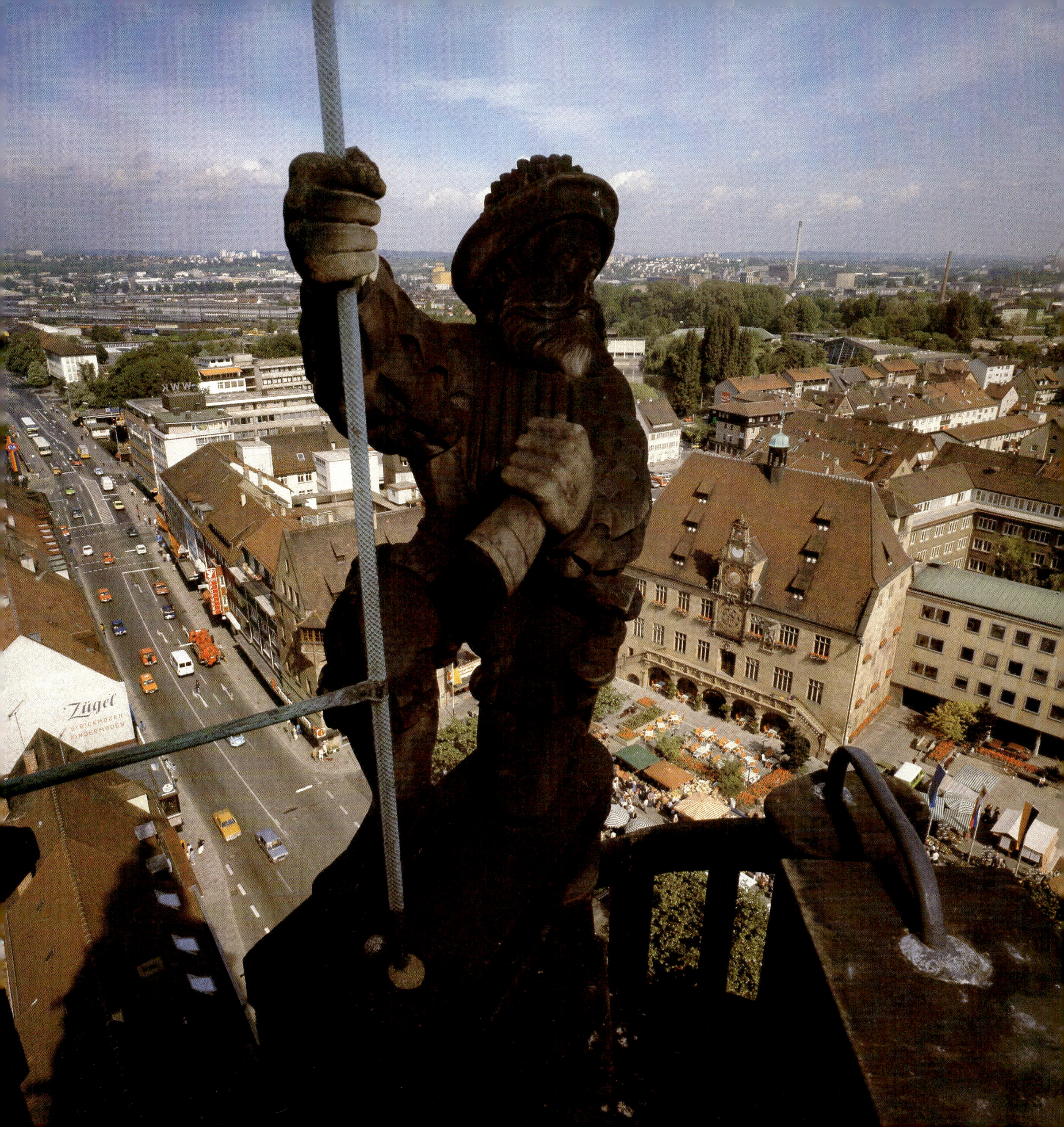
Zügel
STRICKMODEN
KINDERMODEN

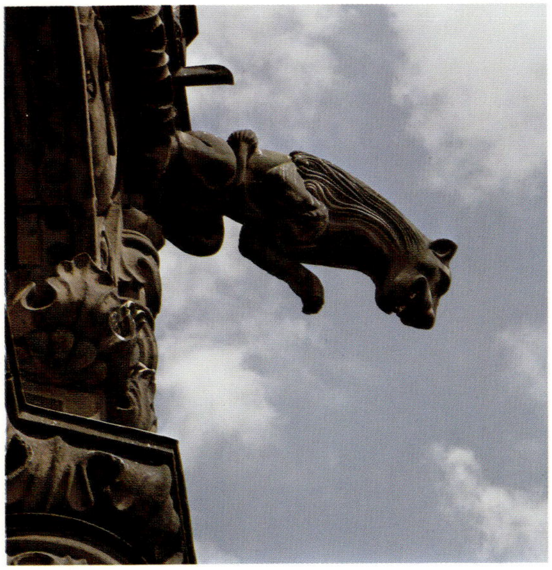
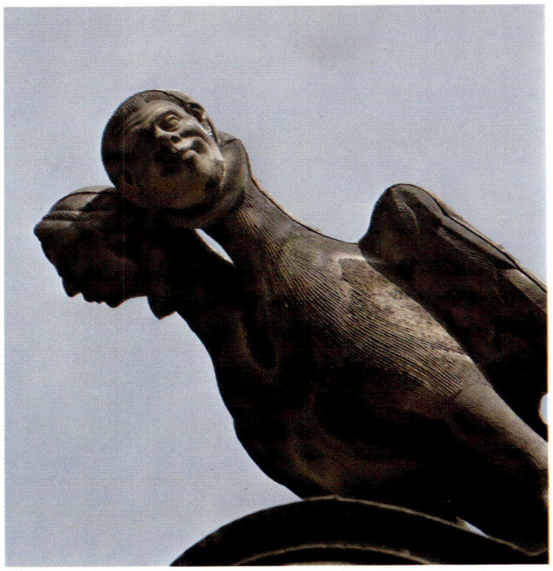
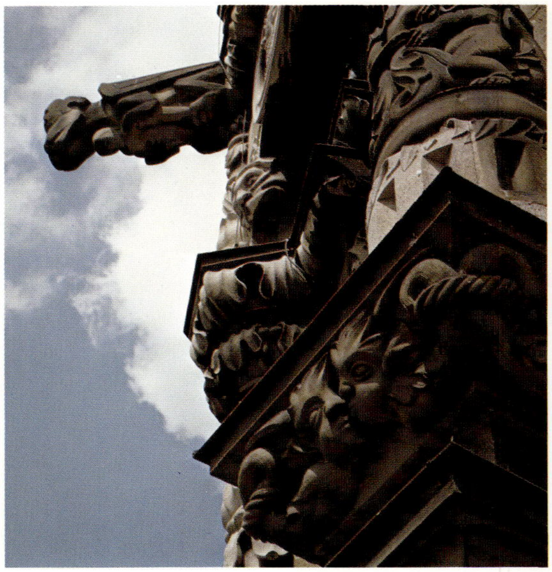
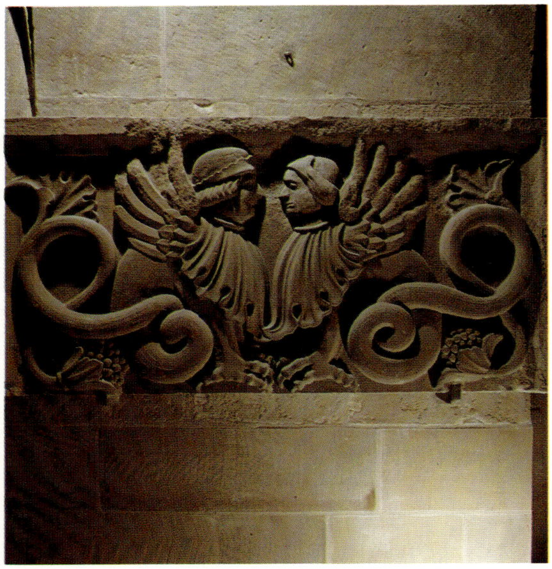
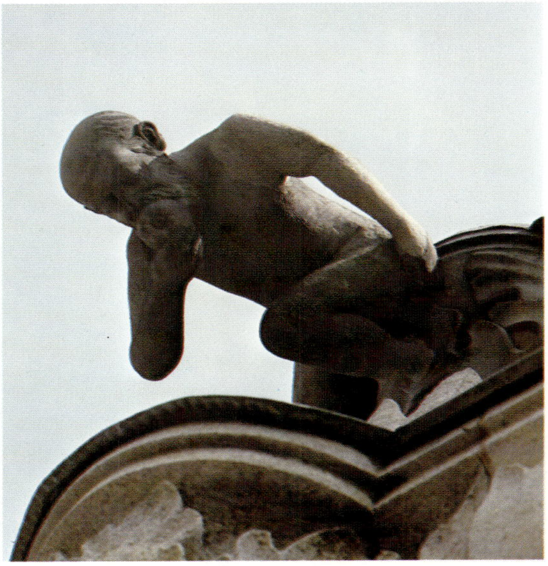
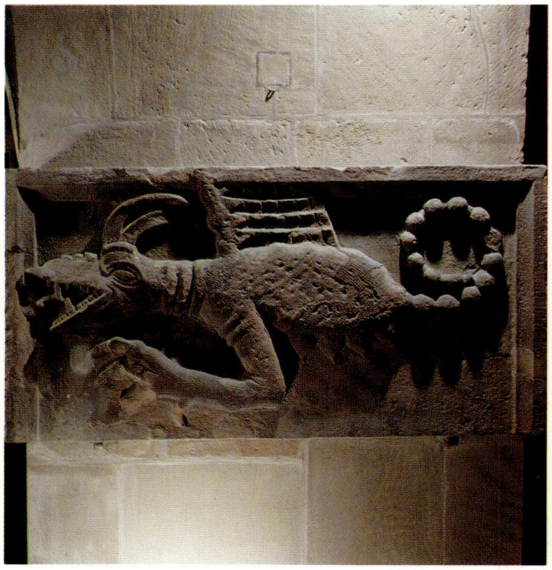
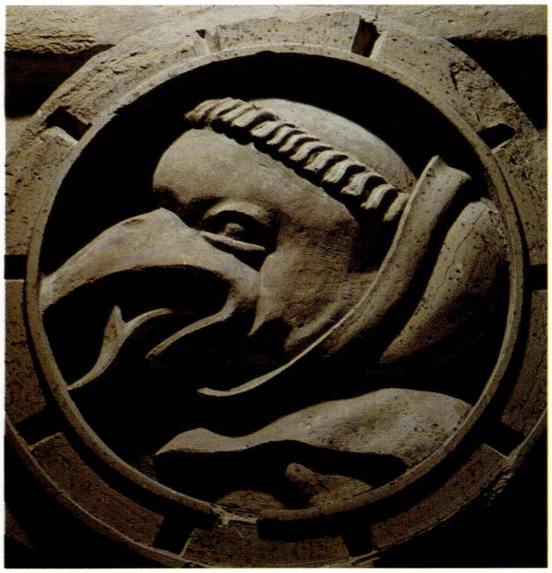
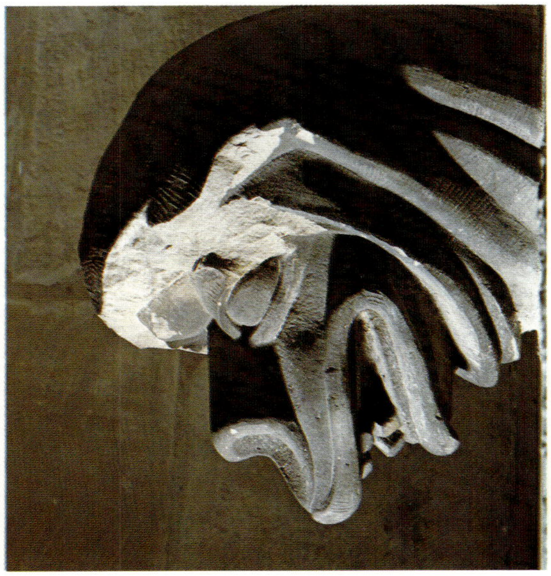
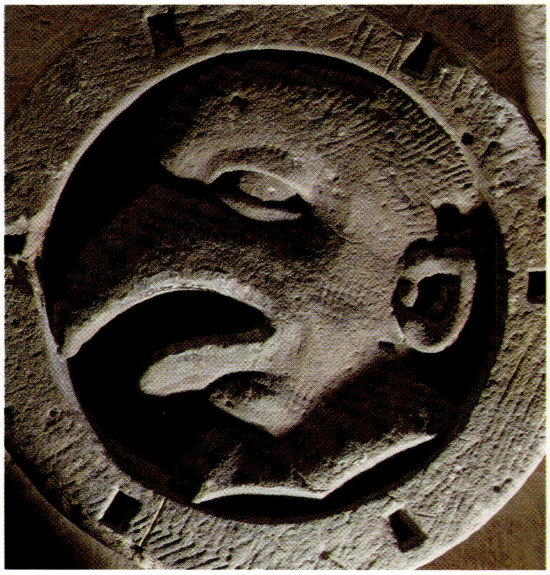

25   In den letzten Kriegsjahren rechtzeitig geborgen und damit vor der Zerstörung bewahrt, befinden sich Glasfenster des 15. Jahrhunderts wieder im Chor der Kilianskirche: hier eine Ährenkranzmadonna und St. Michael.

16–24   Die Schrecknisse und Laster seiner Zeit hat der Weinsberger Hans Schweiner voll Ironie in Stein gebannt.

26 Unter dem Doppelsterngewölbe des Chors Hans Seyfers Schnitzaltar, ein Hochgesang, ein Abgesang der Gotik.

27 Unter den Figuren im Mittelschrein ragt die Gottesmutter heraus, flankiert von den Heiligen Laurentius und Petrus, Kilian und Stephanus.

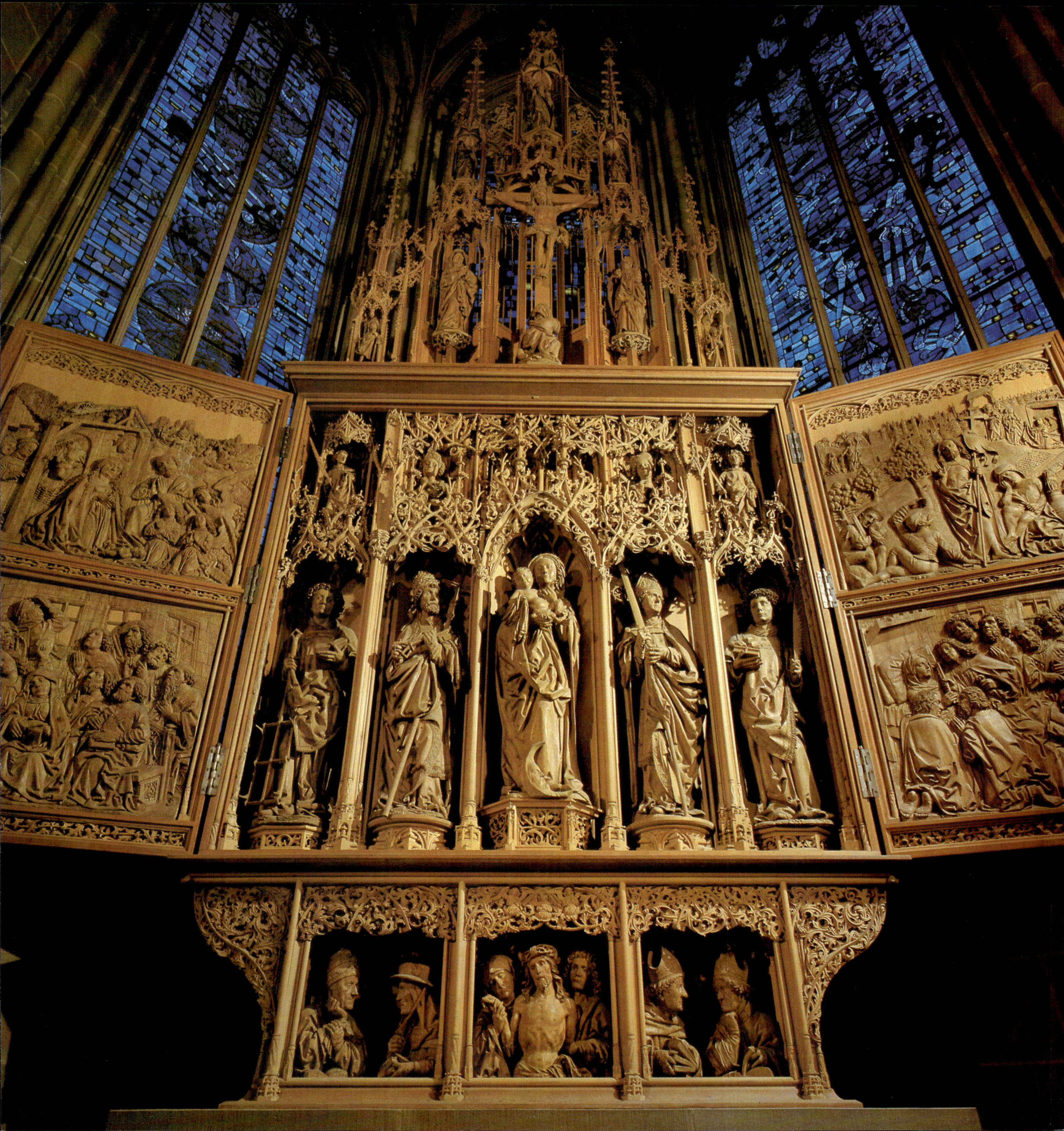

28 St. Kilian, Patron der Kirche, erinnert an die einstige Zugehörigkeit zum Bistum Würzburg.

29 In der Predella des Seyferschen Hochaltars: zwei Kirchenväter in gelehrtem Disput.

30 Detail aus der Predella: Buch und Hände des Kirchenvaters Ambrosius.

31 Eine mütterliche »hohe Frau« des Mittelalters: Maria im Hochaltar der Kilianskirche.

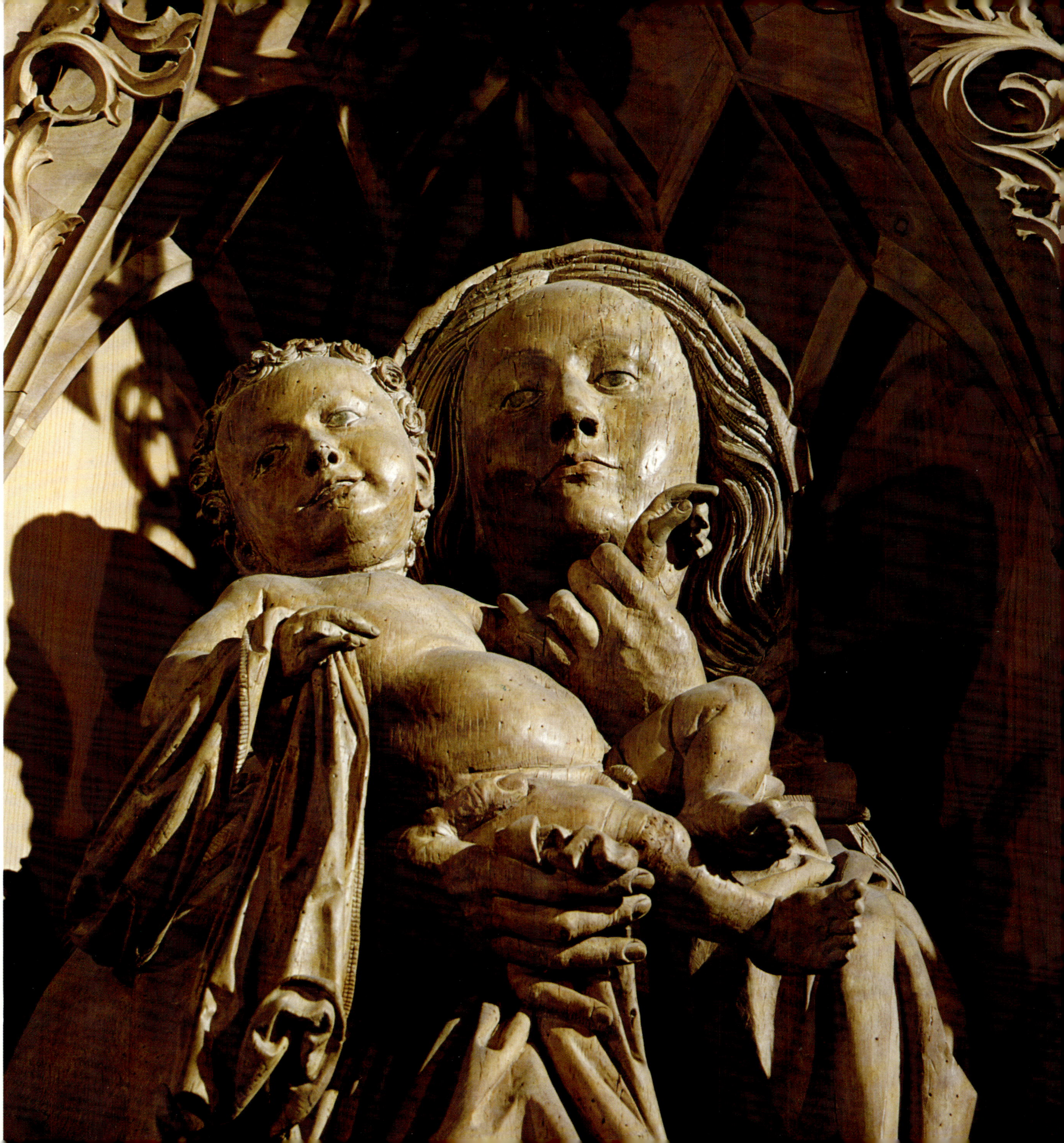

32 Neben dem Siebenröhrenbrunnen an der Südterrasse der Kilianskirche stellt sich unbekümmert der neuzeitliche »Adam« von Richard Heß zur Schau.

33 Jesus und die Samariterin am Brunnen, Original von 1541, einst am »Heiligen Brunnen«, jetzt am Rathaus geborgen.

DAS·WASSER·DAS·ICH ·ER·GIB·MIR·DAS
GEBE·WIRT·EIN·BRON ·LEBIGE·WASER
·IN·DAS·EWIG·LEBEN ·MICH·NICHT·DVRST
·IOHANES·

34 Am Deutschhof, vor den Städtischen Museen, steht diese Mädchen-Bronze des Bildhauers Karl-Henning Seemann.

35 »Der große Bedrohte«, eine Plastik von Waldemar Grzimek in der Fußgängerzone beim Deutschhof.

36 Brunnenfreundliches, brunnenlebendiges Heilbronn: der Faßträger in der Eichgasse von Karl-Henning Seemann.

37 Vor dem Theodor-Heuss-Gymnasium das »Schlotterle«, eine Plastik von Gottfried Gruner, Stuttgart.

38 »Auseinandersetzung«. Zwei Alte beim Schwatz: Figurengruppe vor dem Landratsamt Heilbronn.

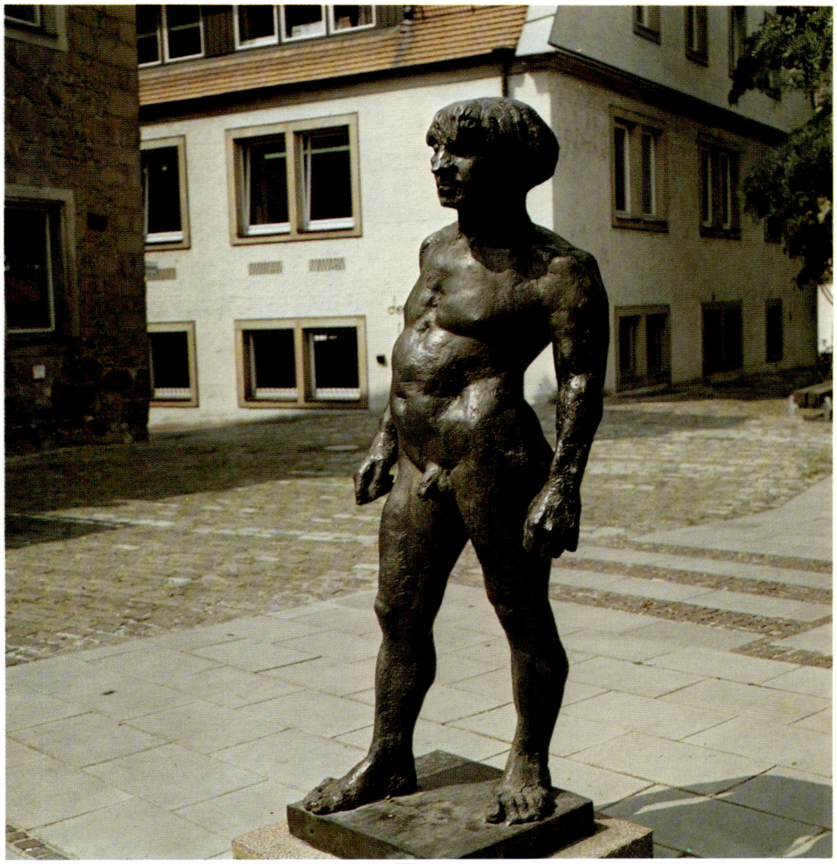
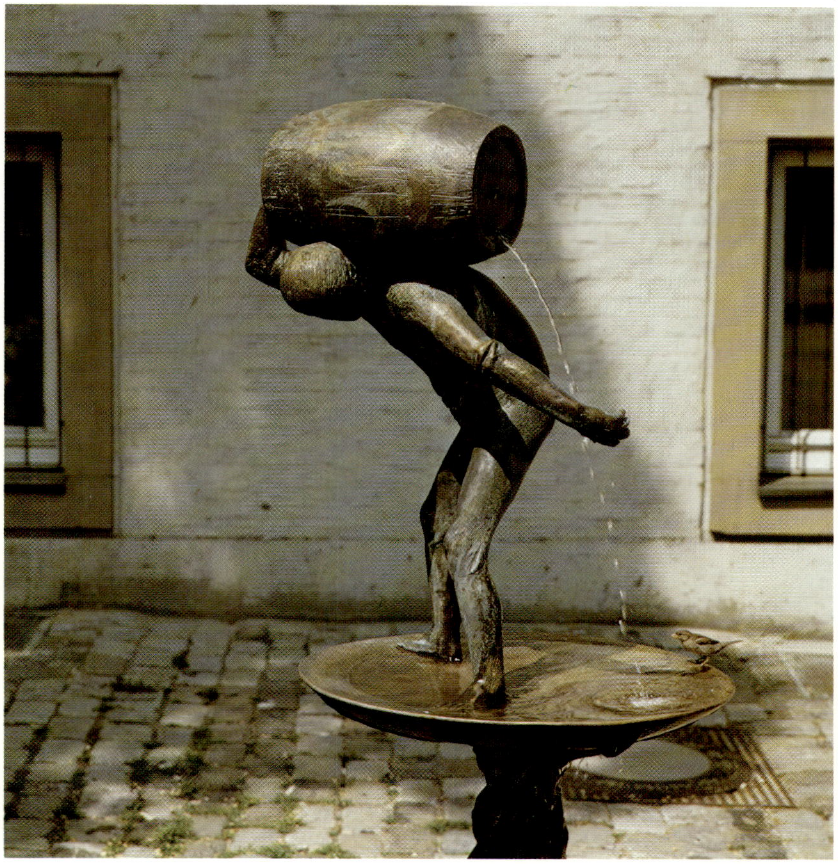
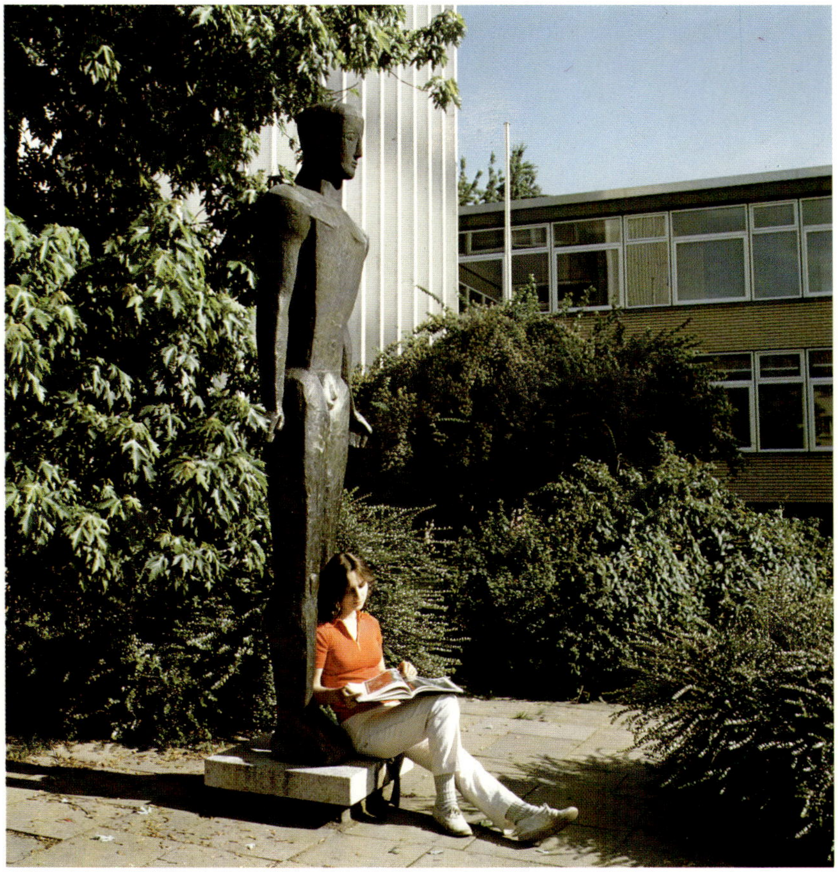
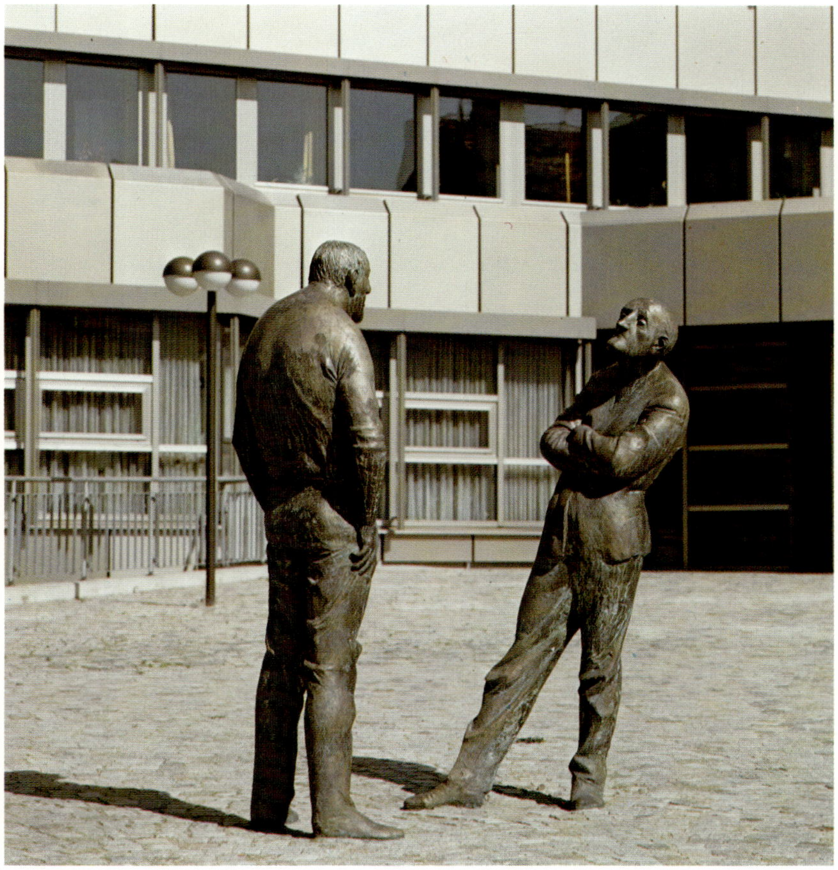

39 Blick auf den Flaniersteg der Fußgängerzone in der Sülmerstraße mit Hafenmarktturm.

40 Mit den Wappen benachbarter Städte und Landkreise in der Region Franken läßt sich als Blickfang werben.

41 Frisch dem Bad entstiegen: die »Schwimmerin« in der Sülmerstraße von Waldemar Grzimek.

42 Straßencafé in der Fleiner Straße.
Ein Hauch City.

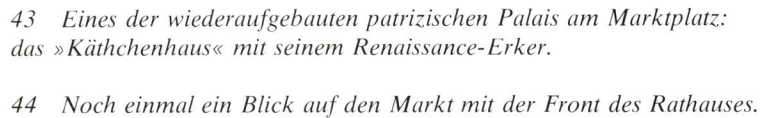

43   Eines der wiederaufgebauten patrizischen Palais am Marktplatz: das »Käthchenhaus« mit seinem Renaissance-Erker.

44   Noch einmal ein Blick auf den Markt mit der Front des Rathauses.

45   Der wiedererstandene Fleiner Torbrunnen am Rande der Innenstadt.

46   Mit dem Wirtschaftsleben der Stadt verbindet die Baden-Württembergische Bank eine lange
Tradition. Handel, Industrie, freie Berufe und Privatpersonen nutzen die reiche Erfahrung dieser großen
privaten Geschäftsbank mit Sitz im Land. Innerhalb ihres Angebots spielt das Auslandsgeschäft
eine wichtige Rolle.

47 Blick auf die St.-Peter-und-Paul-Kirche, das Deutschordensmünster, im Deutschhof-Gelände; der Unterbau des Turms reicht noch in romanische Zeit zurück.

48 *Von Lisenen lebendig gegliedert: die barocke Fassade des Deutschhofes.*

49 Buntes Treiben beim Flohmarkt im Deutschhof.

50 Die Turmkapelle von St. Peter und Paul birgt mit dem romanischen Altar das älteste sakrale Denkmal Heilbronns.

51 Über dem romanischen Altar hat man die 1944 im Trümmerfeld geborgene gotische Madonna aufgestellt.

52 Schlußstein im Gewölbe der romanischen Turmkapelle von St. Peter und Paul.

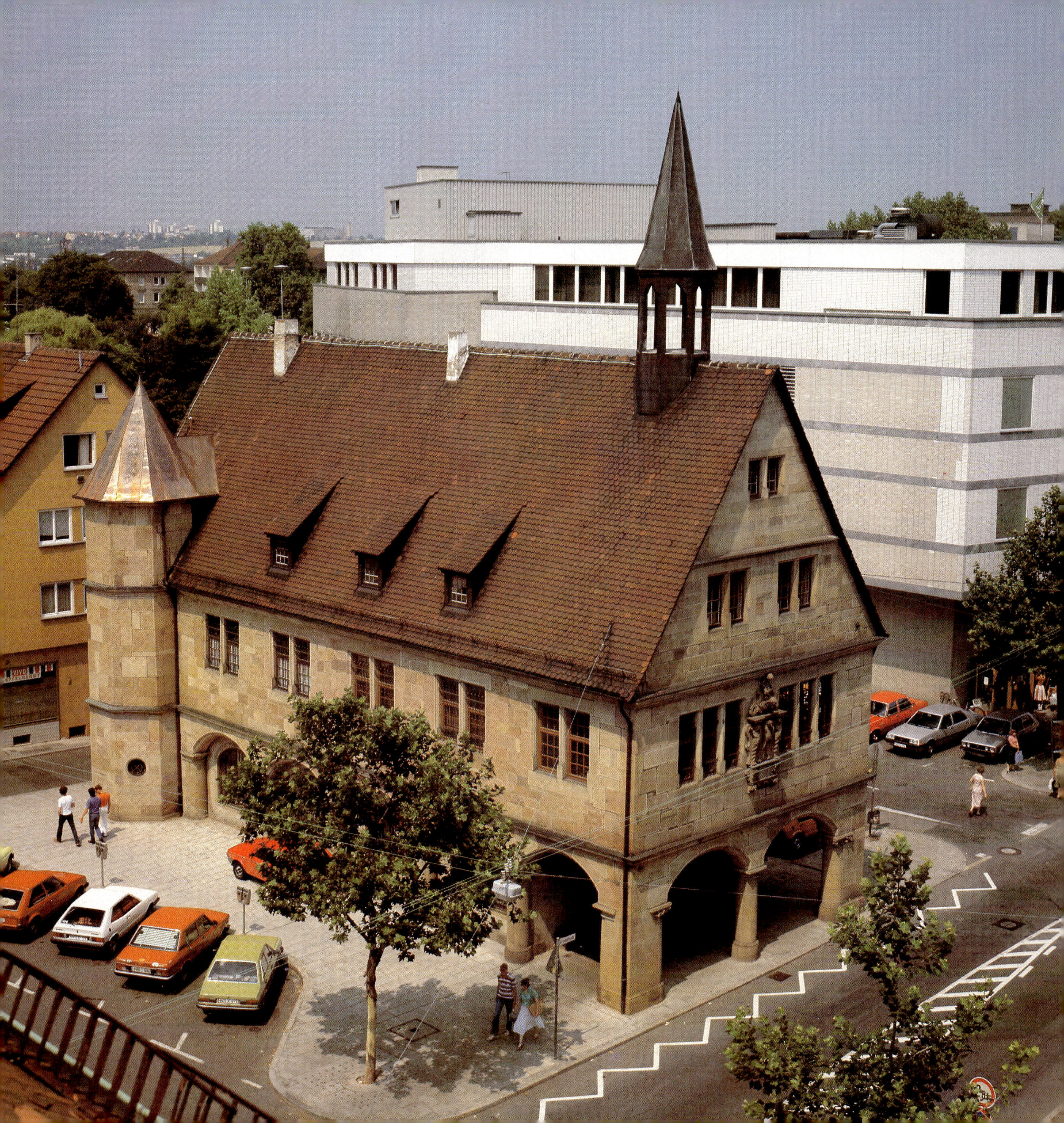

53 Das ehemalige Gerichts- und Fleischhaus birgt heute die Mineraliensammlung sowie die Abteilungen der Erdgeschichte und Vor- und Frühgeschichte der Städt. Museen.

54 Die »Allee« trägt trotz vielspurigen Ausbaus und eines regen Verkehrs ihren Namen noch zu Recht. Im Hintergrund der Wartberg.

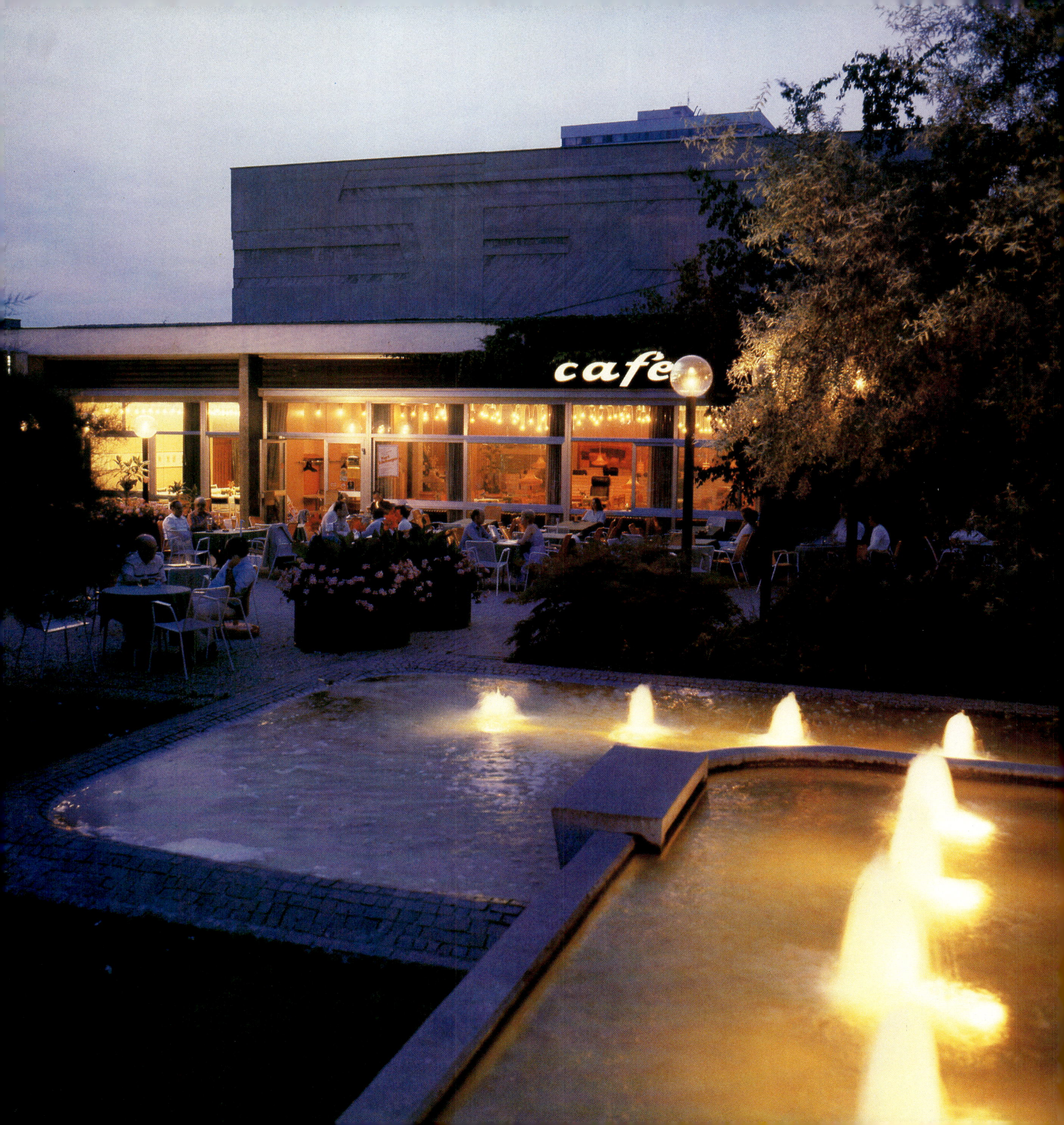
cafe

56 Ein Begriff in der Musikwelt: das Württemb[ergische Kammerorchester] Heilbronn unter seinem Dirigenten Jörg Faerber. [...] in der »Harmonie«.

57, 58 Ein gesellschaftliches Ereignis: der Rose[nball mit der] »Rosenkönigin«.

55 Die städtische Festhalle, die »Harmonie«, bietet auch Gelegenheit zu einem Kaffeeklatsch.

67 Der Götzenturm am Neckar wurde einst aus den Quadern der als Raubnest gebrochenen Burg Klingenberg erbaut.

68 Mit dem »Neckarbummler« unterwegs; im Hintergrund der Götzenturm.

66 Als der größte Sohn Heilbronns gilt der Arzt und Naturforscher Robert Mayer, dem wir das Gesetz von der Erhaltung der Energie verdanken; bei der »Harmonie« steht sein Denkmal.

67 Der Götzenturm am Neckar wurde einst aus den Quadern der als Raubnest gebrochenen Burg Klingenberg erbaut.

68 Mit dem »Neckarbummler« unterwegs; im Hintergrund der Götzenturm.

69   *Blick auf das Hallenbad der Stadt Heilbronn; hinten rechts lugt der Bollwerksturm hervor.*

70   Im Pfühlpark, Heilbronns großem Erholungspark, mit seinem romantischen Teich fühlen sich alt und jung wohl.

71   Der Kinderspielplatz im Pfühlpark, ideal zum Toben und Rasten.

72   Ein beliebtes Ausflugsziel ist das »Jägerhaus«.

73   Ein Idyll im Grünen: das Trappenseeschlößchen.

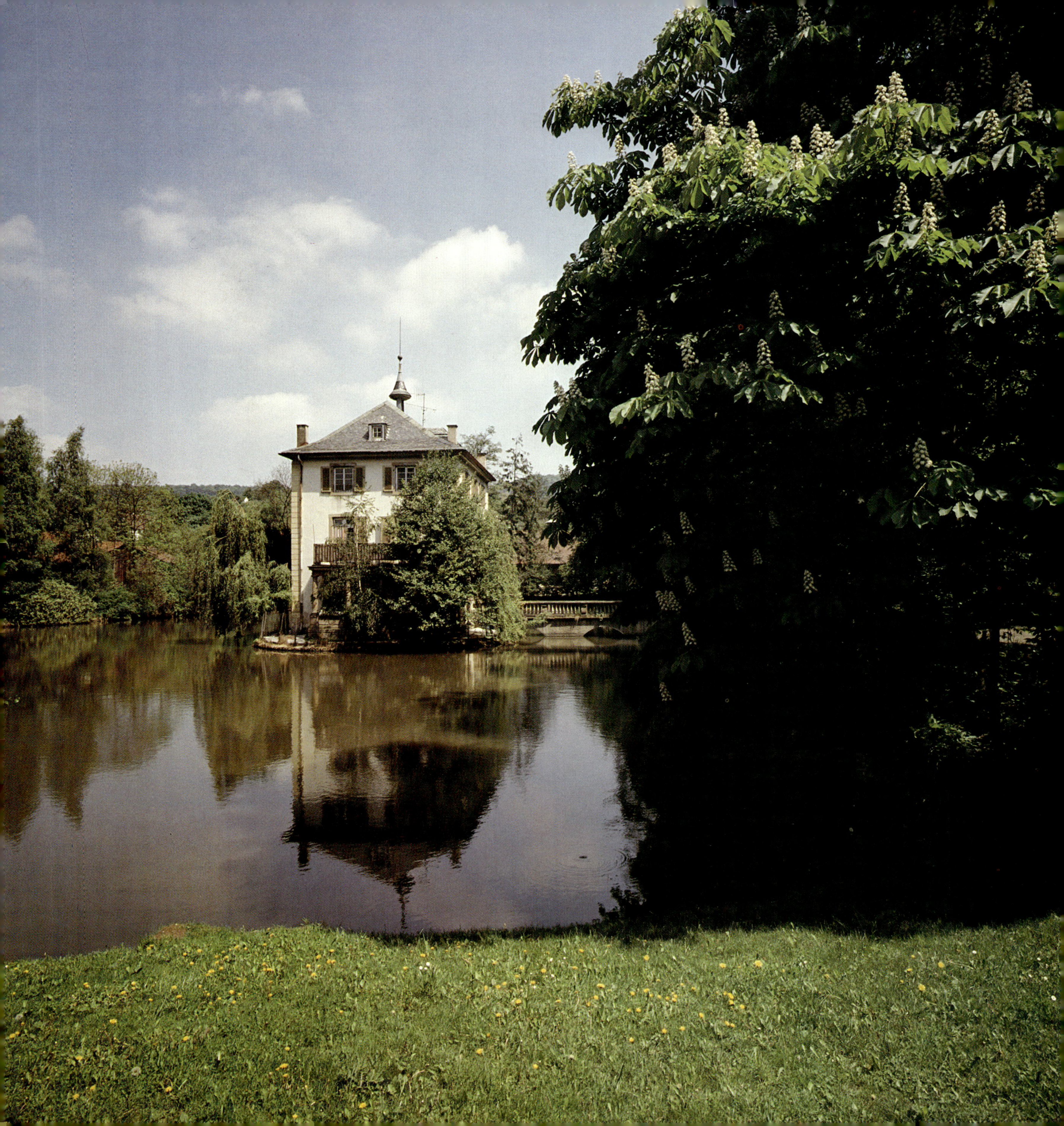

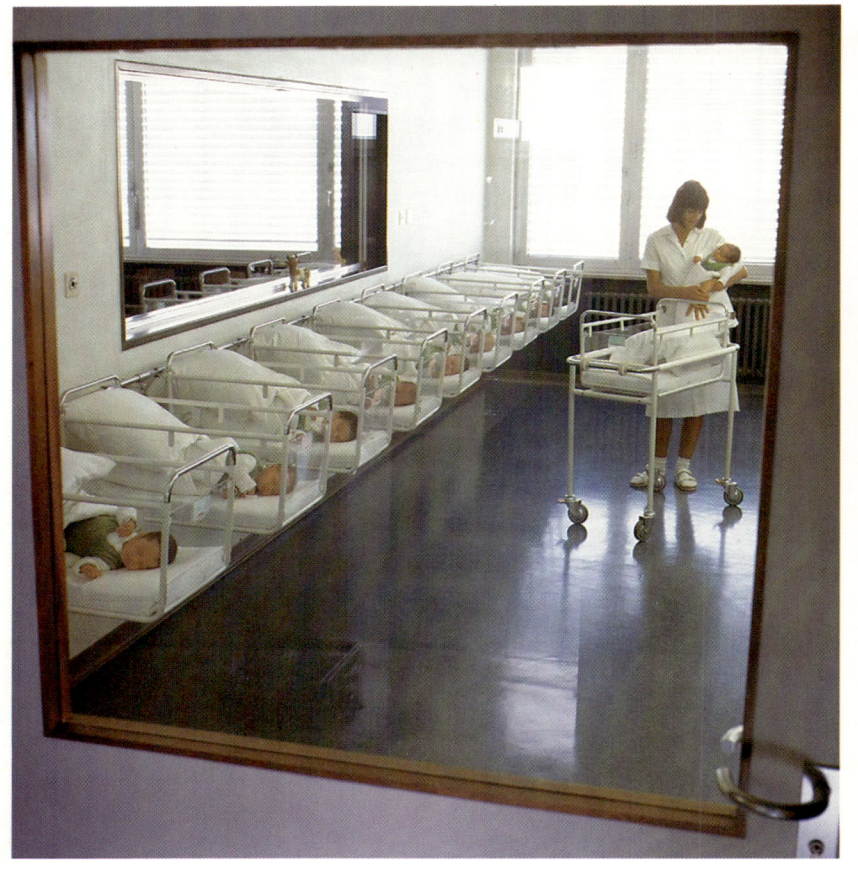

74   Die jüngsten Bürger Heilbronns in der Frauenklinik »Am Gesundbrunnen«.

75   Fröhliches Treiben im Kindergarten »Sachsenäcker« im Stadtteil Neckargartach.

76   Der Gaffenberg – beliebtes Walderholungsheim der evangelischen Kirchengemeinde Heilbronn.

77   Erstkläßler in der Freien Waldorfschule.

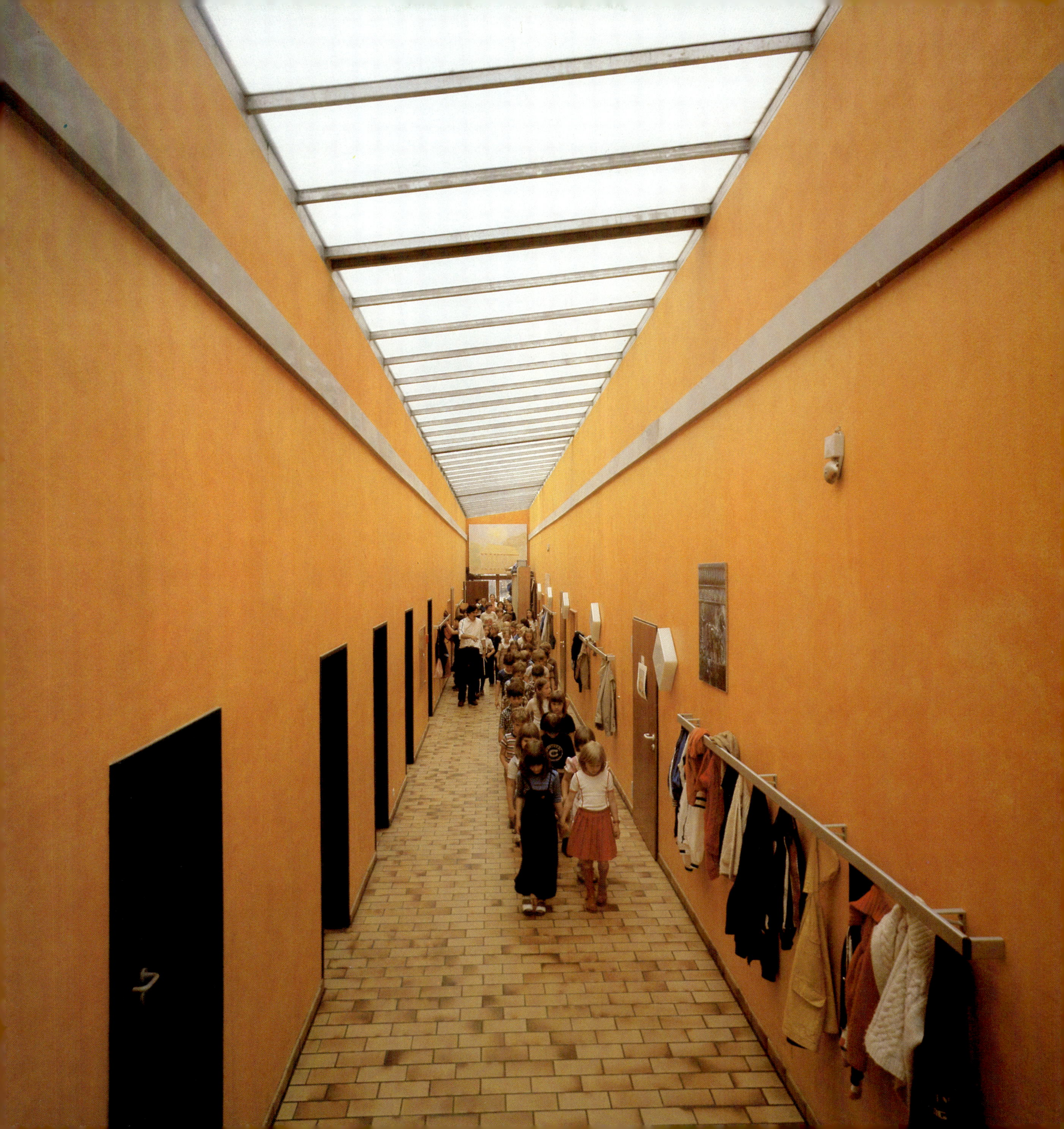

78 Ein Blick in den Atrium-Pausenhof des Justinus-Kerner-Gymnasiums.

79 Nassen Spaß macht der Biberbrunnen in der Grund- und Hauptschule des Stadtteils Biberach.

80 Wasserspiel und Wasserlust im Freibad.

81 Meeresbläue zaubert das Hallenbad im Stadtteil Biberach in allen Jahreszeiten.

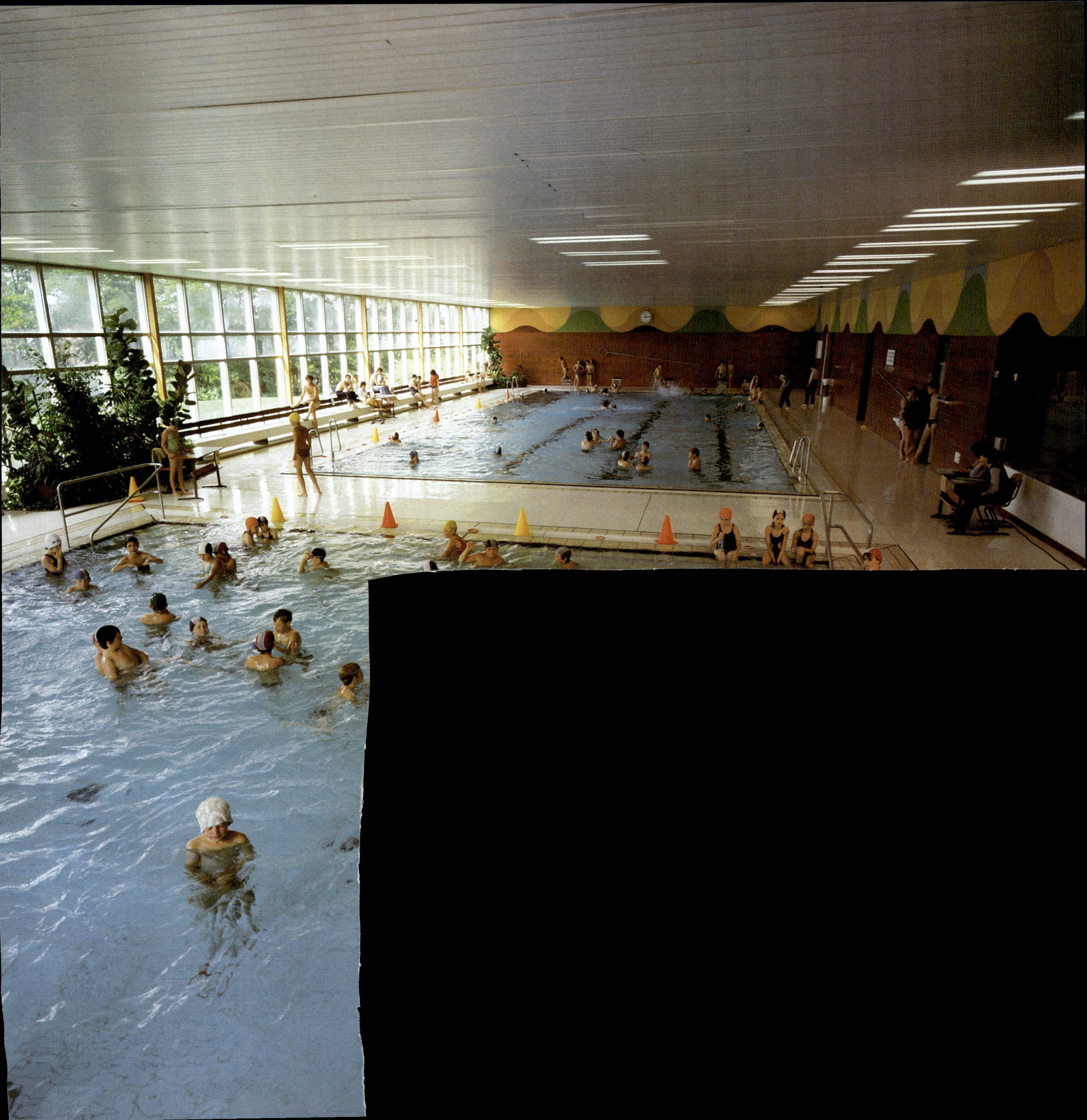

82 Eifrig trainiert wird auf der Rollschuhbahn...

83 ...und bei den Hockeyspielern im Sportzentrum Frankenbach.

84 Die Labors der Fachhochschule Heilbronn sind nach dem neuesten Stand der Technik ausgestattet. Hier wird ein hochdynamischer Antrieb untersucht.

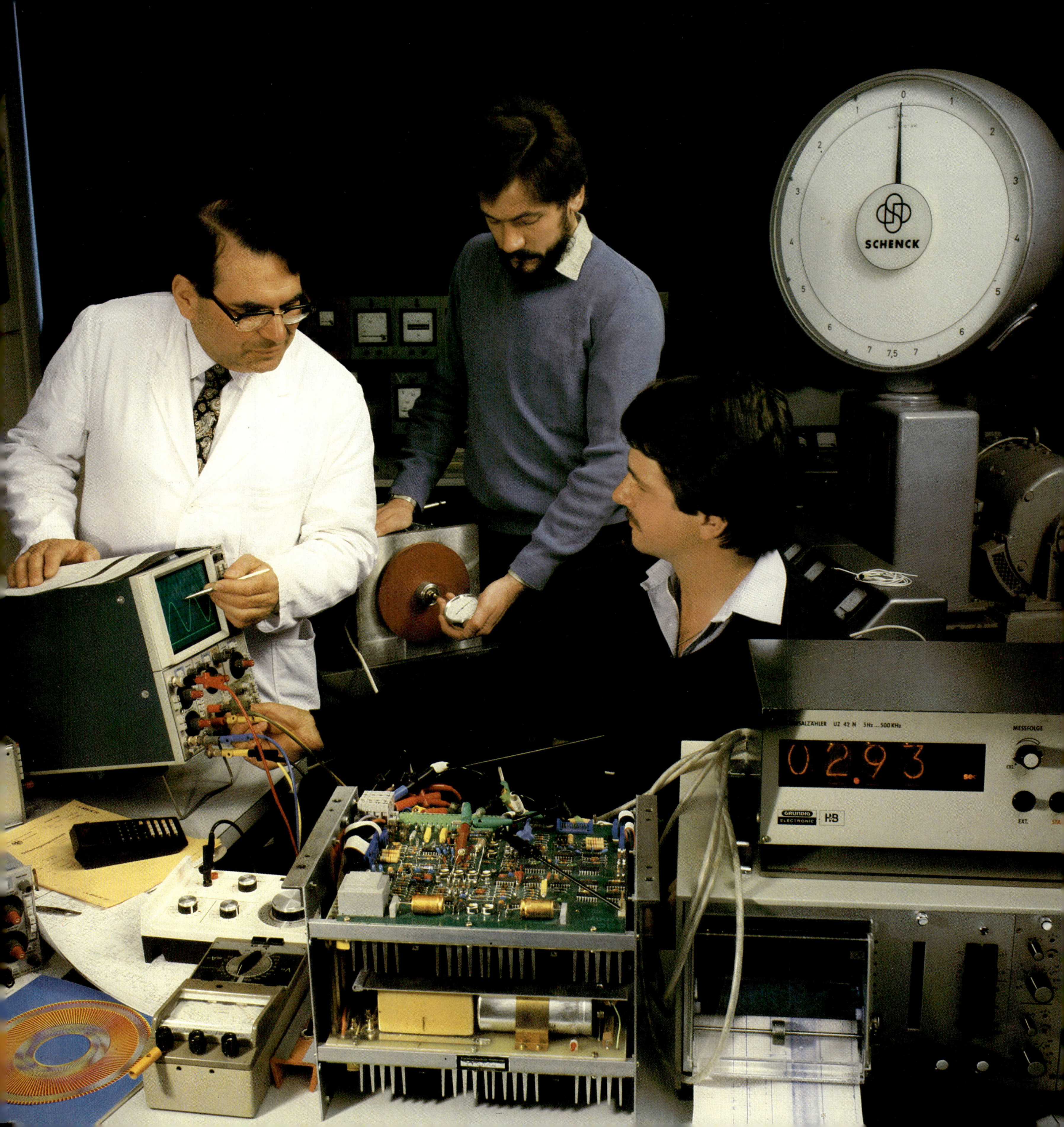
SCHENCK
UZ 42 N
MESSFOLGE
GRUNDIG
ELECTRONIC
EXT.

86 Auf der Freitreppe des Deutschhofs: Kontrabässe der Städtischen Jugendmusikschule.

85 Deutsch für Spätaussiedler aus dem Osten, nur eines der vielen Themen der Volkshochschule im Deutschhof.

87 Die Stadtbücherei im Deutschhof wirkt weit ins Umland hinein; beliebt sind auch ihre Ausstellungen, wie hier zum Thema Heinrich Heine.

88 Beim Bocciaspiel schauen alle gern zu; Altenheim der Richard-Drautz-Stiftung auf der »Schanz« im Stadtteil Böckingen.

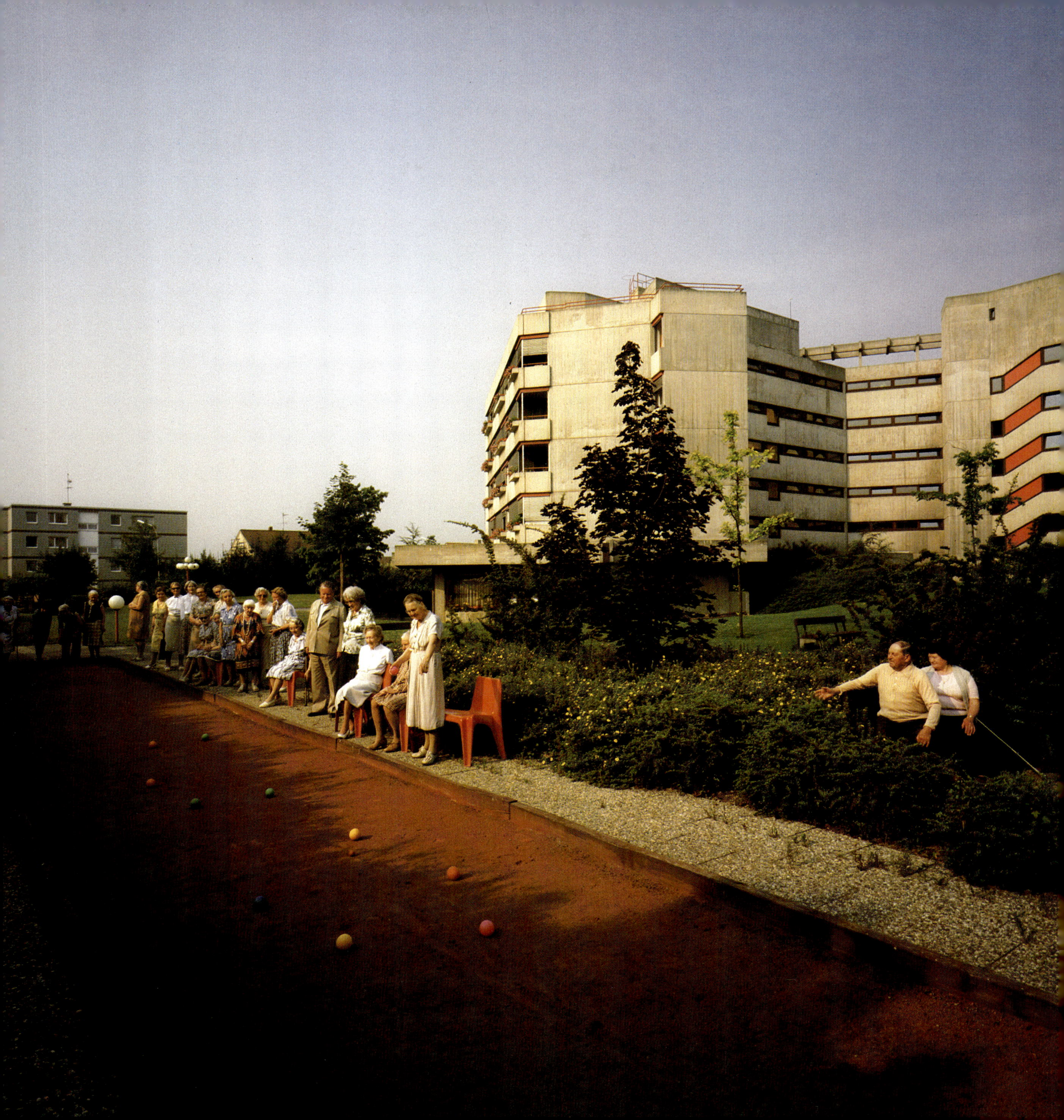

89 Rätselhaft blickt er uns an: ein Nothosaurus aus dem Muschelkalkmeer, 200 Millionen Jahre alt, jetzt zu Haus im Naturhistorischen Museum im Gerichts- und Fleischhaus.

90 Statuette und Gefäß der Hallstattzeit im Naturhistorischen Museum; die bei Ilsfeld gefundene Figur wird aufs 4. bis 5. Jahrhundert vor Christi datiert.

91 Gefäß der Schnurkeramiker aus der Jungsteinzeit, gut 4000 Jahre alt.

92 Die »Venus im Strahlenkranz« stammt aus dem Römerkastell Böckingen; daneben ein Merkur.

93 An die Alamannenzeit erinnert diese durchbrochene Zierscheibe mit der Darstellung eines Menschenpaares.

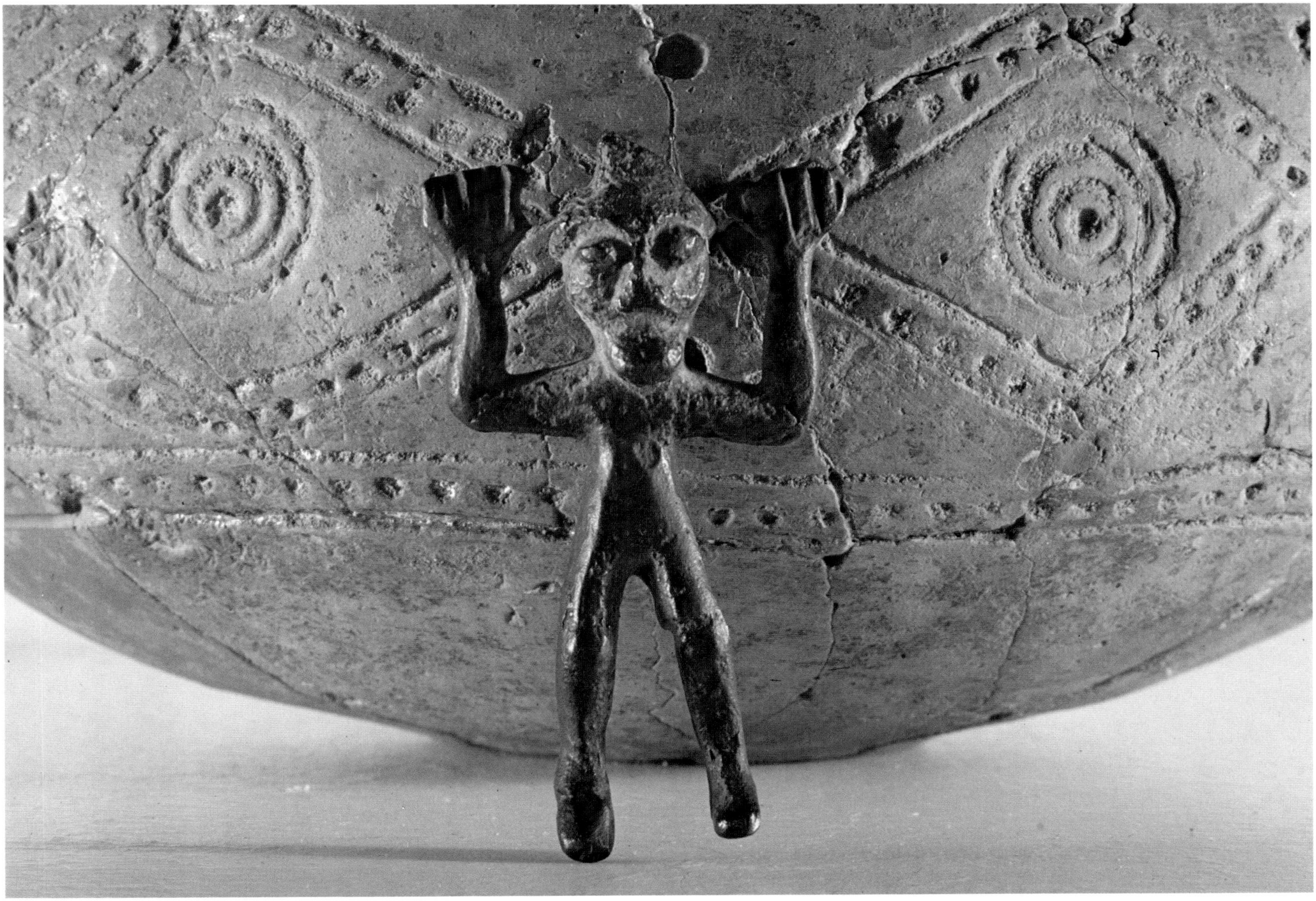
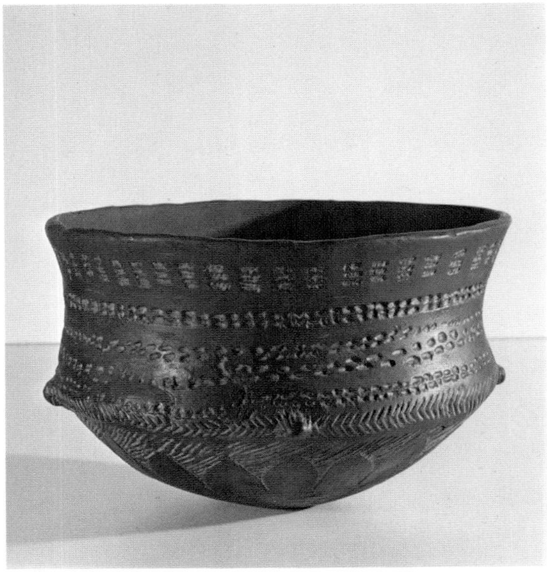
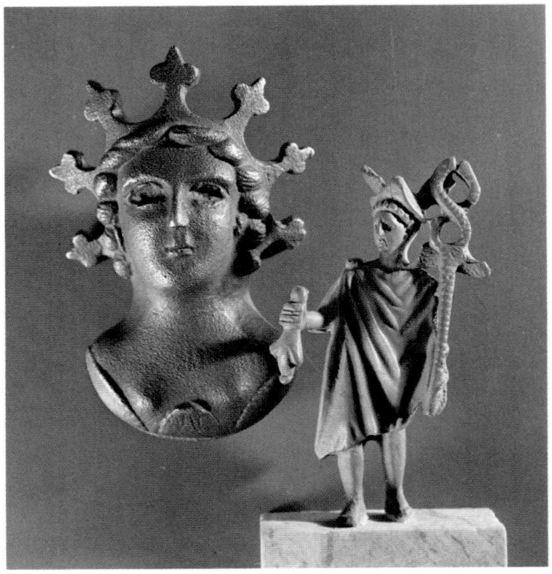
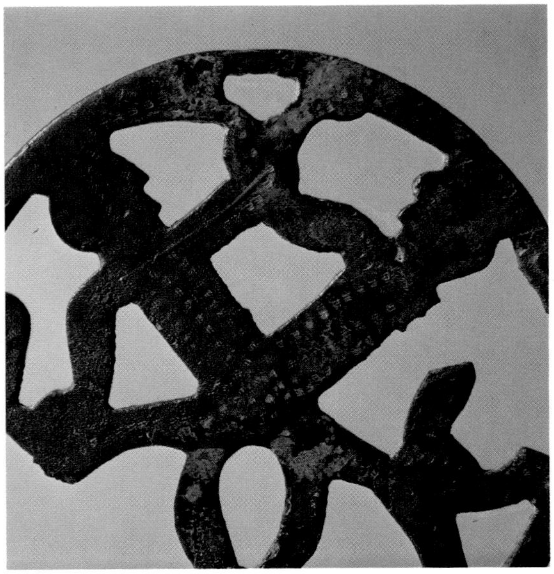

94 Sakrale Kunst in den Städtischen Museen im Deutschhof: Der bärtige Kopf im Strahlenkranz wird der karolingischen Michaelskirche zugeordnet.

95 Das spätromanische Weihwasserbecken (um 1200) gehört – so wird vermutet – zur romanischen Vorläuferin der Kilianskirche.

96 Dieser ausdrucksstarke Christuskopf ist letzter Überrest eines spätgotischen steinernen Kruzifixes, das am Sülmertor stand. Als Künstler gilt der Schöpfer des Hochaltars in der Kilianskirche, Hans Seyfer.

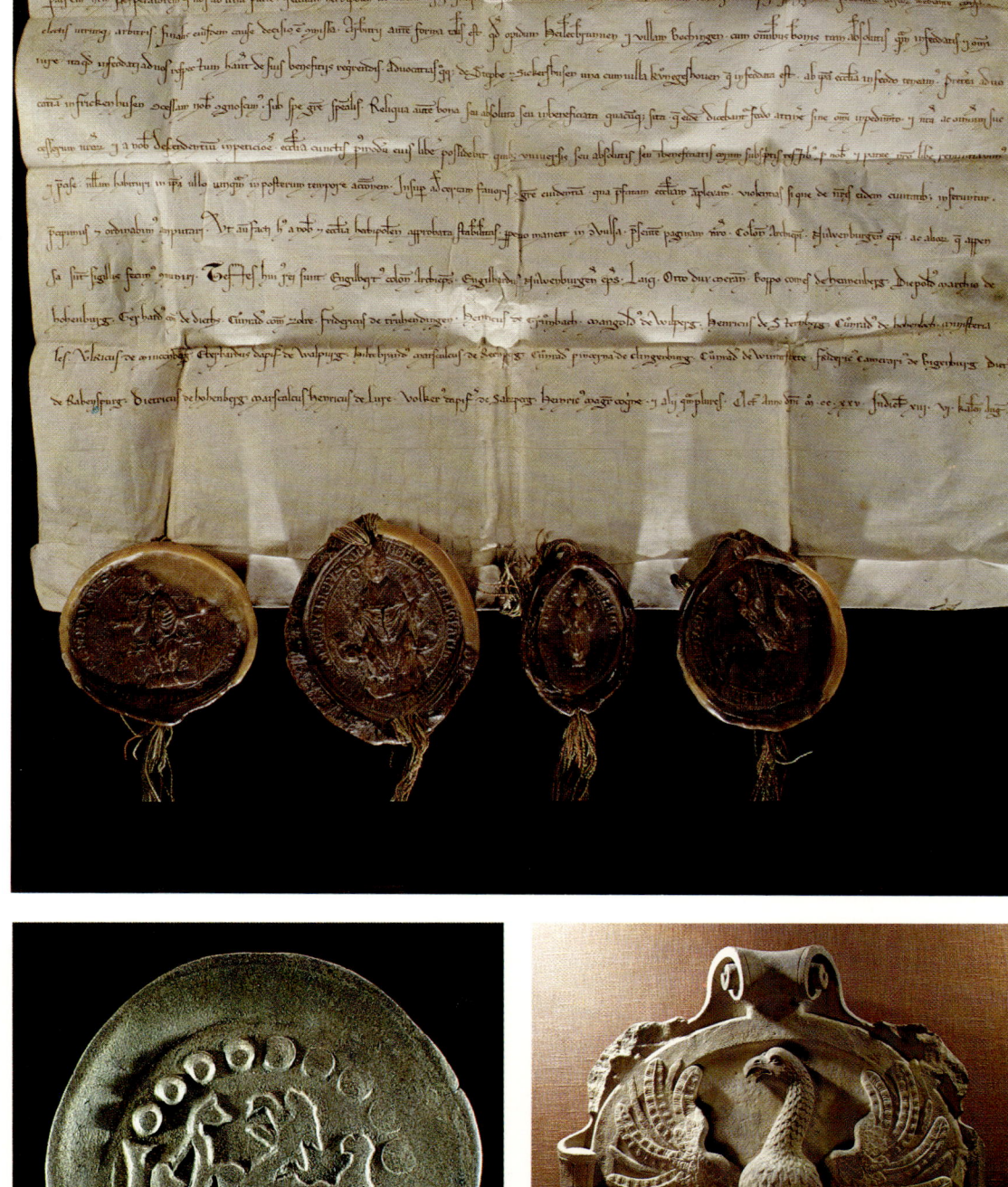

97 1225 wird Heilbronn erstmals urkundlich als befestigter Platz, als »oppidum«, bezeichnet; das erste Siegel von links stammt von König Heinrich (VII.), das zweite vom Würzburger Bischof.

98 Schlicht und erhaben, ein Kunstwerk im Kleinen: das 1265 erstmals nachgewiesene Siegel der Stadt Hailprunen.

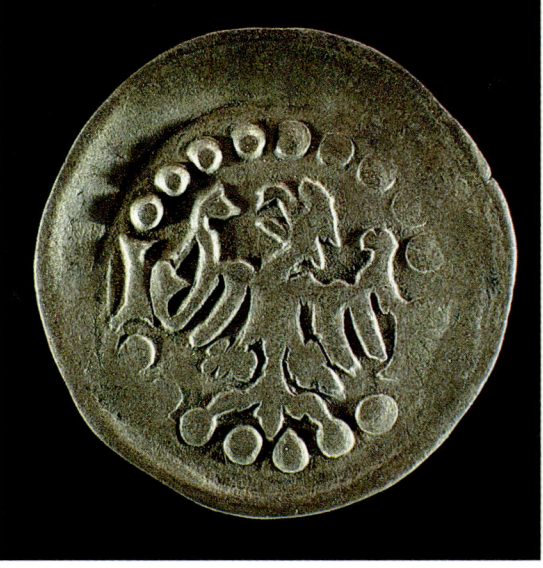

98a Silberner Pfennig aus der Heilbronner Münze um 1420 (Württ. Landesmuseum, Stuttgart).

99 Am östlichen Flügelbau des Rathauses hing dieser dekorative Renaissance-Wappenadler der Reichsstadt.

100 Eine Kostbarkeit des Stadtarchivs, der »Heilbronner Musikschatz«, eine Sammlung geistlicher und weltlicher Musikhandschriften und Notendrucke: hier die Woltzsche Tabulatur von 1617.

101 Von dem gebürtigen Heilbronner Heinrich Friedrich Füger (1751–1818), dem prominentesten Miniaturenmaler des Klassizismus, stammt diese anmutige »Dame mit Rose«.

102 Eine Heilbronner Weinlese aus dem Biedermeier; Gouachemalerei von Carl Dörr, um 1820.

103   Die Städtischen Museen im Deutschhof veranstalten repräsentative Kunstausstellungen; hier Skulpturen des Berliner Bildhauers Joachim Schmettau.

104   Die Kunsthalle in der »Harmonie«, Ausstellungsstätte von Kunstverein und Künstlerbund, mit Plastiken von Jürgen Goertz.

105   Aus der Bozzetto-Sammlung der Städtischen Museen Heilbronn stammt die Bronze »Karl der Große« von Waldemar Grzimek.

106–108 Dreimal die Sülmerstraße mit dem Hafenmarktturm: 1930 mit überkragenden Fachwerkhäusern; 1945 als Ruinenstätte; 1981 als durchgrünte Fußgängerzone.

109 Blick durchs Torgitter auf den Ehrenfriedhof für die Opfer des Luftangriffs vom 4. Dezember 1944.

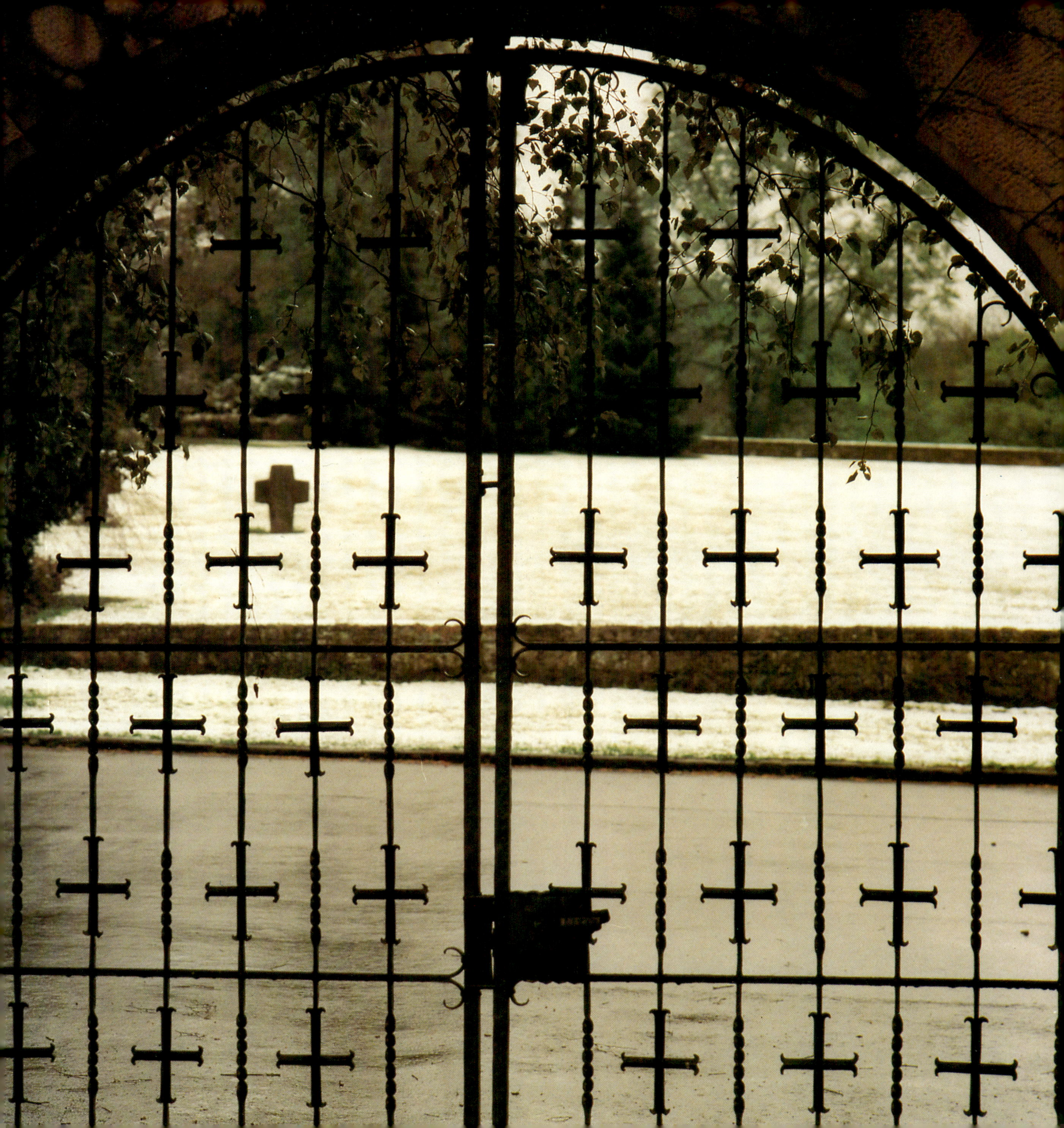

110 Glockenguß in der Werkstatt Bachert, aufregend und andachtsvoll wie zu Schillers Zeiten.

111 Für die Dorfkirche im Stadtteil Klingenberg wurde 1768 diese Barockglocke mit einer Darstellung der Geburt Christi gegossen.

112 Bergmann im Heilbronner Salzbergwerk.

113 Vor dem Schachtturm musiziert die Bergkapelle der Südwestdeutschen Salzwerke in der traditionellen Bergmannstracht.

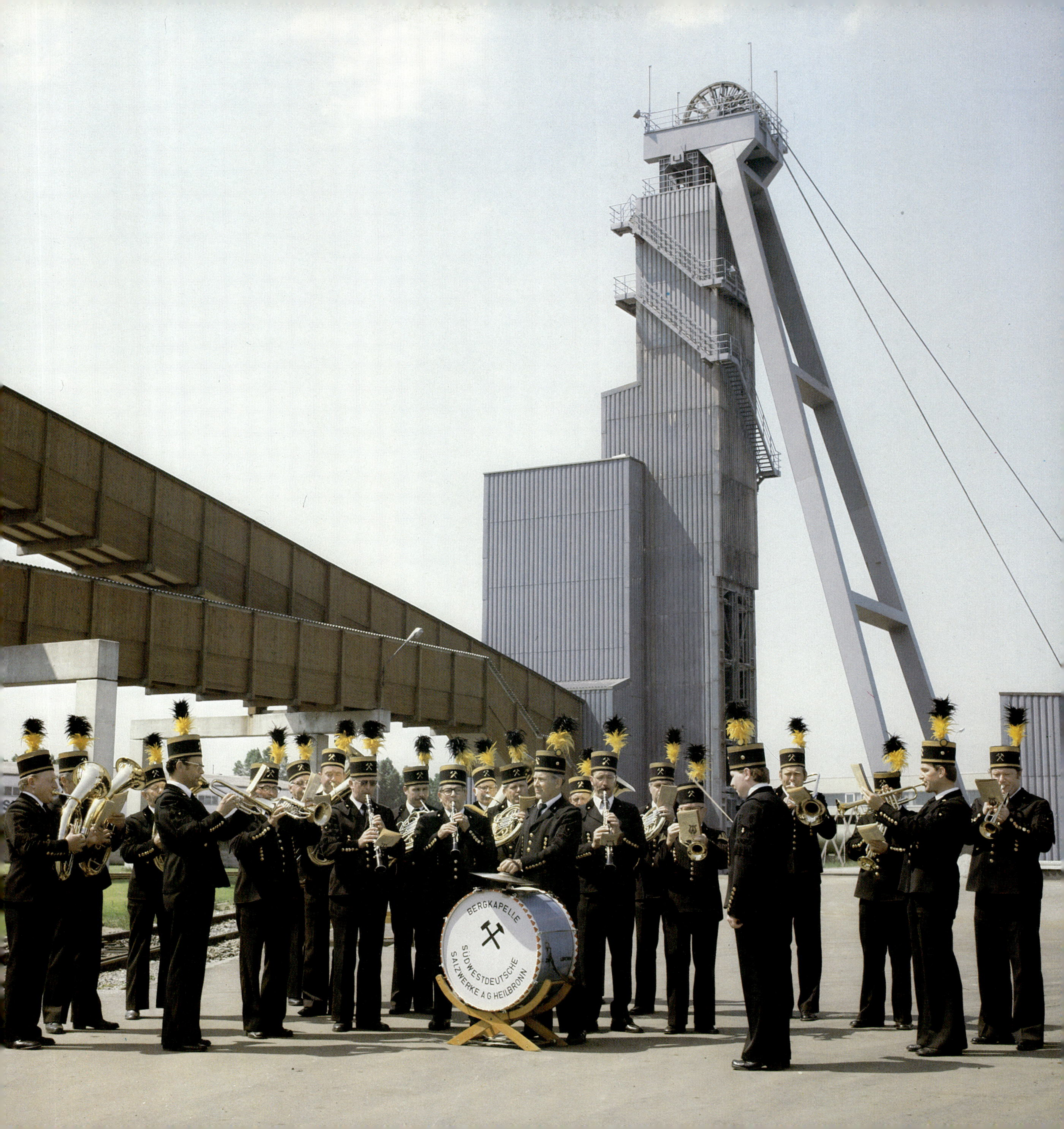
BERGKAPELLE
SÜDWESTDEUTSCHE
SALZWERKE A G HEILBRONN

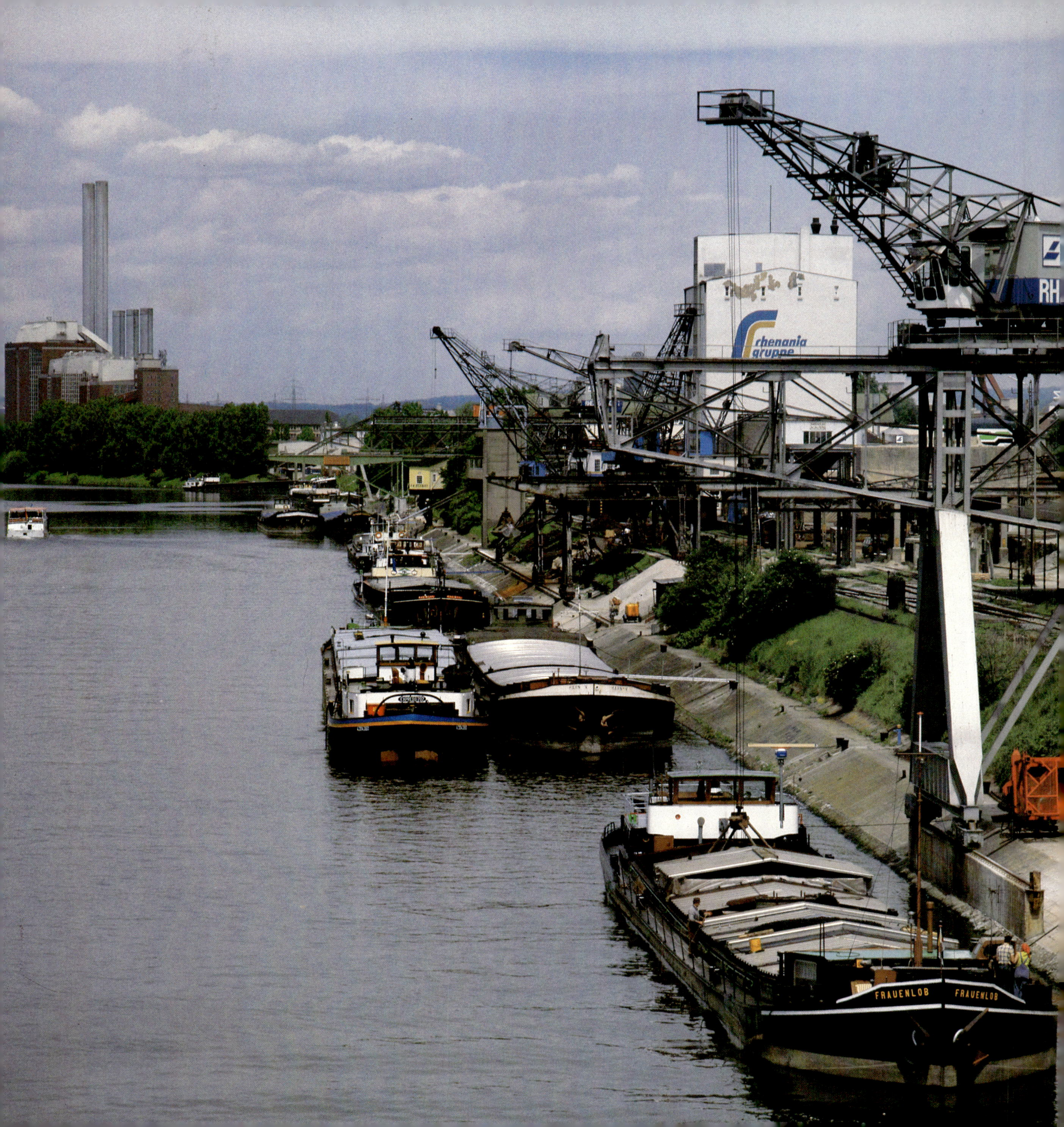
rhenania gruppe
FRAUENLOB
FRAUENLOB

115   Das Dampfkraftwerk Heilbronn der Energie-Versorgung Schwaben AG wurde in den Jahren 1954 bis 1966 errichtet. Es umfaßt sechs Blöcke mit einer Gesamtleistung von 600 MW. Die Energie-Versorgung Schwaben AG beabsichtigt den Bau eines weiteren Blockes von 665 MW, der Steinkohle verfeuern soll.

114   Mit an der Spitze aller deutschen Binnenhäfen: der Hafen Heilbronn am Neckarkanal.

116 Die Südwestdeutsche Salzwerke AG baut in Heilbronn und Bad Friedrichshall Steinsalz in rd. 200 m Tiefe ab. Die dabei entstehenden Abbaukammern haben mit 15 m Breite, 15 m Höhe und 200 m Länge eine beeindruckende Größe. Fahrlader transportieren das Salz vom Sprengort zur Zerkleinerungsanlage. – Im Sommer kann das Salzbergwerk in Bad Friedrichshall besichtigt werden.

117 Das in den Salzwerken Heilbronn gewonnene Mineral wird in einem Hochregallager gestapelt; die Firma ERWIN MEHNE GmbH & Co. konstruiert, fertigt und montiert diese platzsparenden, meist vollautomatischen Gesamtanlagen.

118 Seit 130 Jahren wird in Heilbronn Soda, ein Grundstoff der chemischen Industrie, hergestellt. Hier ein Blick auf die Anlagen der Sodafabrik der Kali-Chemie AG, von wo aus die Versorgung des gesamten süddeutschen Raumes erfolgt.

119 Eines der traditionsreichsten europäischen Automobilunternehmen, die Firma FIAT, siedelte sich schon 1929, drei Jahrzehnte nach der Gründung, in Heilbronn an. Seit 1947 ist die Stadt am Neckar Sitz der deutschen Unternehmenszentrale.

120 Nur durch die Erfahrung des Werkzeugmachers erhält das Türblech unter der Probierpresse die makellose Form für die Großserie. Läpple, im siebten Jahrzehnt Werkzeugbauer für die blechverarbeitende Industrie, besonders für den Automobilbau, zählt zu den führenden Firmen dieser Art in Europa.

121 Das Neckarkraftwerk Heilbronn der ZEAG (Zementwerk Lauffen – Elektrizitätswerk Heilbronn Aktiengesellschaft) am Hefenweiler im Hospitalgrün.

122 Wilhelm Maybach, 1846 in Heilbronn geboren, steuert hier seinen Stahlradwagen. Das Stadtarchiv besitzt einen großen Teil seines persönlichen Nachlasses.
123 Technischer und politischer Fortschrittsglaube verbanden sich in dem 1842 gegründeten Heilbronner Wochenblatt »Neckar-Dampf-Schiff«.
124 Eine Glanzstunde der Stadtgeschichte war 1897 die »Industrie-, Gewerbe- und Kunst-Ausstellung« des Königreiches Württemberg in Heilbronn.
125 Ein Dokument der Wirtschaftsgeschichte: Tausend-Mark-Aktie einer Böckinger Brauerei aus dem Jahr 1899.

126 *Auf Pressenstraßen werden bei der Firma KACO GmbH+Co. Dichtungswerke Wellendichtringe, Gleitringdichtungen und Formteile aus Synthesekautschukwerkstoffen vulkanisiert. Die Anwendungen in der Auto-, Motoren-, Maschinen- und Pumpenindustrie sind sehr interessant und vielseitig.*

127 Tausende von Schulheften kommen täglich von dieser Fertigungsstraße der Firma Baier & Schneider. 1877 wurde das Unternehmen in Heilbronn gegründet. Seine Artikel für Büro und Schule sind unter dem Markennamen »BRUNNEN« bekannt.

128 Ein Blick in eine der vollautomatisierten Produktionsanlagen der Firma Knorr in Heilbronn.
Die rationelle Fertigung und ein Höchstmaß an Hygiene sichern das gleichbleibend hohe Qualitätsniveau
der Knorr-Produkte.

129 Festliches Treiben vor dem »Bürgerhaus« im Stadtteil Böckingen mit dem Spielmanns- und Fanfarenzug Böckingen und den Heilbronner Majoretten.

130 Ein Mittelpunkt im Bürgerhaus Böckingen: der »Jugendkeller«.

131 Hans-Dieter Läpple schuf diese Plastik des »Seeräubers«, Symbolfigur des selbstbewußten Böckingers.

132   Der spätgotische, im Barock überarbeitete Kruzifixus der Stadtkirche in Böckingen.

133   Das Gotteshaus hütet in seinem Turmchor gotische Fresken aus dem 13. Jahrhundert.

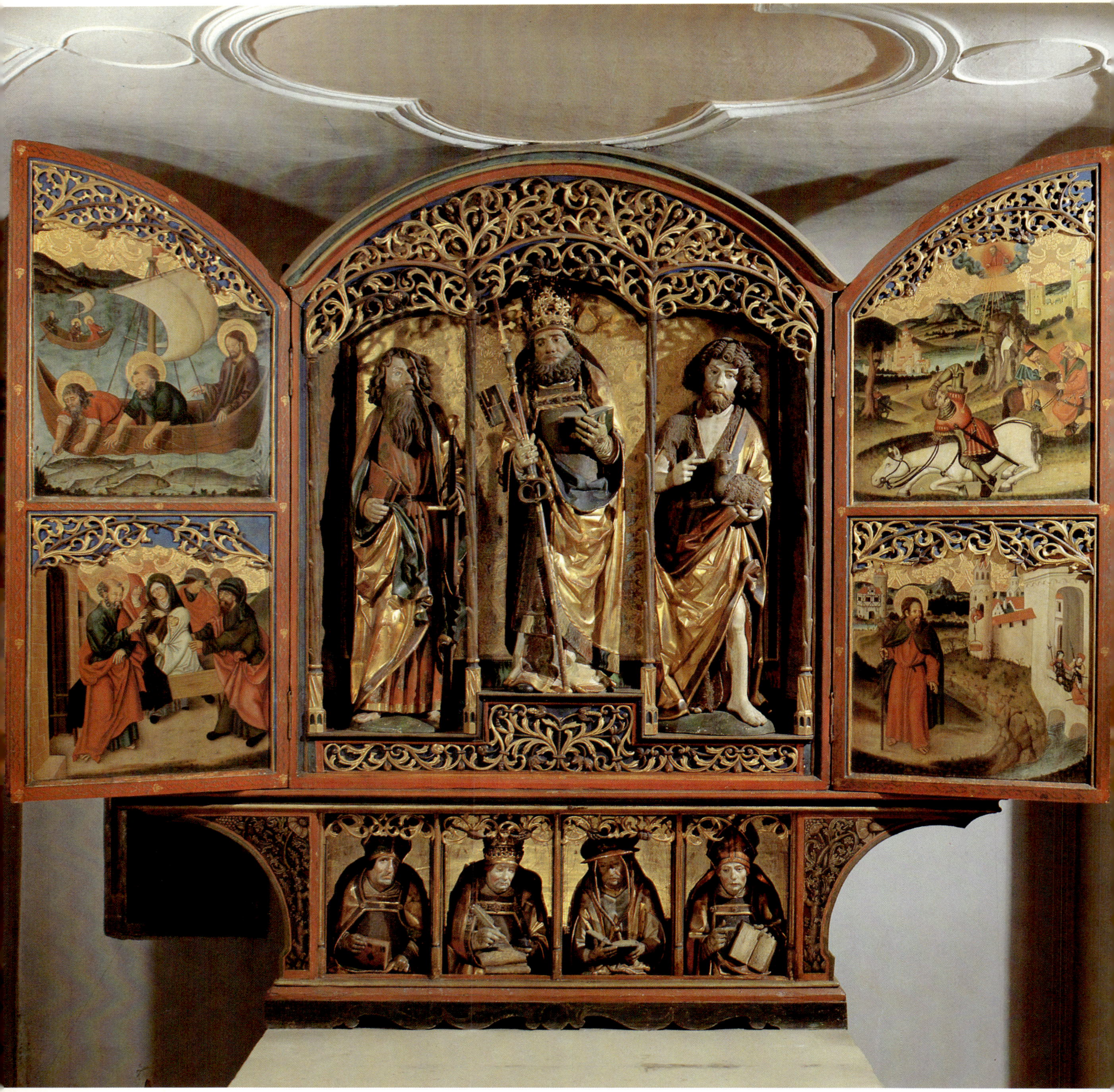

135–137 Details vom spätgotischen Petersaltar in Neckargartach.

134 Ein wertvoller Schreinaltar der Ulmer Schule aus dem Jahr 1516 öffnet sich im Chorturm der Wehrkirche von Neckargartach.

138 Blick in die Schaltzentrale, von der aus die Produktion des Südmilch-Dessertwerkes Heilbronn gesteuert wird.

139 Bis zu 140 000 Becher Joghurt und Pudding werden hier pro Stunde abgefüllt.

140 Maschinen für die Kunststoff-Formung stellt die Heilbronner Firma Adolf Illig GmbH & Co. her. In der Montagehalle werden gerade Fertigungsanlagen für Joghurt- und Trinkbecher zusammengebaut.

141 Sontheim ist stolz auf sein Gemeindezentrum »Auf dem Bau«: links die einstige Zehntscheuer, rechts die ehem. Kelter, heute kath. Gemeindezentrum, in der Mitte die Martinskirche.

142 Ein Beispiel für eine gelungene private Renovierung: die Wolko-Villa aus der Gründerzeit im Stadtteil Sontheim.

143 Luftig sitzt's sich im Sontheimer »Fischerheim« unmittelbar am Neckar.

146 In einem Horkheimer Trockenschuppen werden die Tabakblätter zum Verkauf »gebüschelt«. Für schwarze Zigaretten, für Zigarren und Pfeifen: dafür ist der Tabak vom Neckar gut geeignet.

144 Aus dem Jahr 1895 stammt das Werbebild mit Blick aus der Vogelperspektive auf die damals hochmodernen Fabrikhallen der Firma Ackermann.

145 Heute wie damals gehört die Ackermann-Göggingen AG zu den führenden Nähfadenherstellern Europas. Schallabsorber an der Decke verbessern die Arbeitsbedingungen im Zwirnsaal.

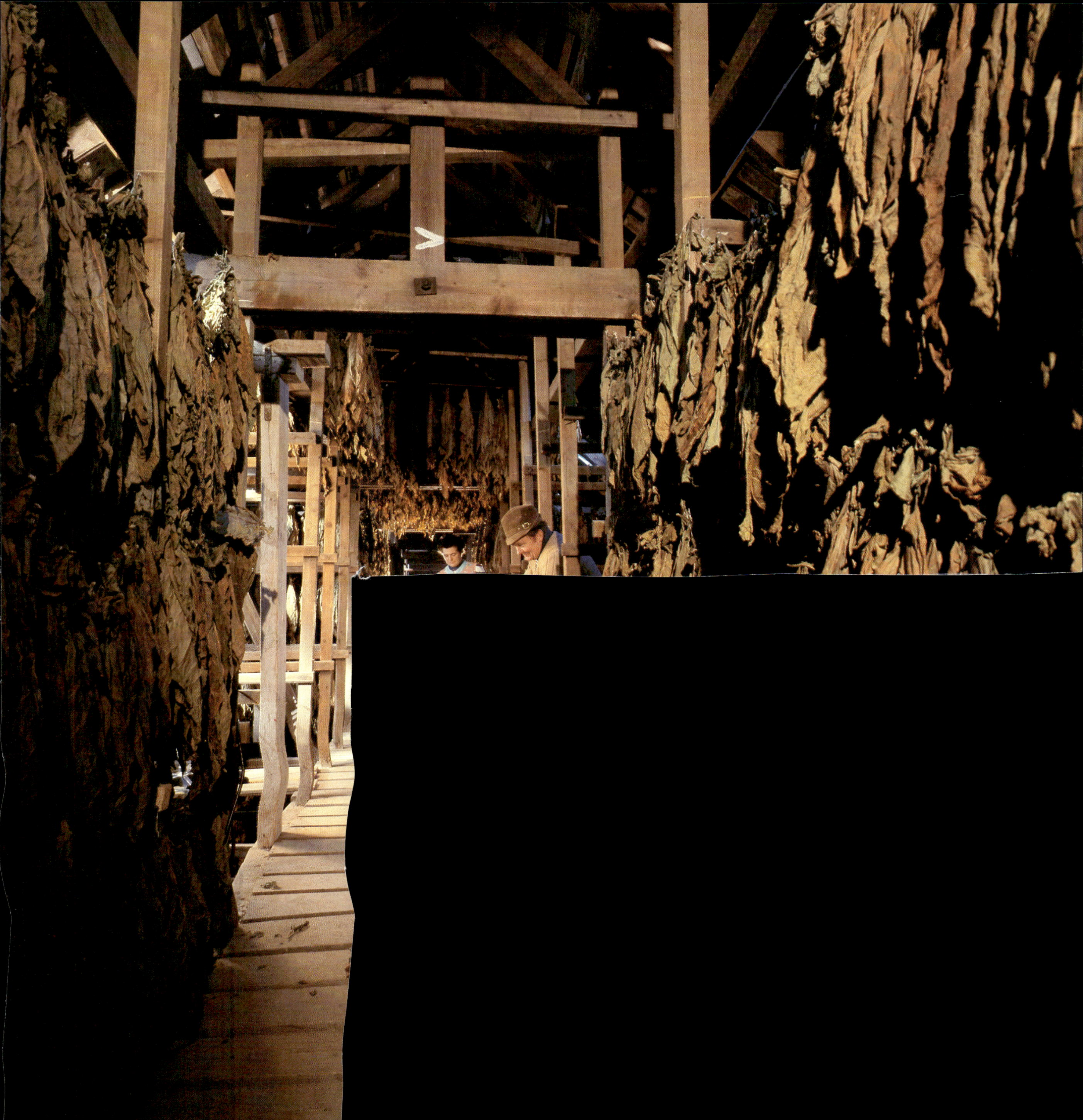

147 Alt und neu in Frankenbach: der gewachsene Ortskern, Reihensiedlungen und gestaffelte Hochhäuser.

148 Überm Neckar ragt die Ruine des als »Klauenburg« verrufenen Adelssitzes Klingenberg; rechts das neue Schloß.

149 Fachwerk, Dorfkirche und Laufbrunnen fügen sich im Stadtteil Biberach zu einem hübschen Bild.

150 »Ritterschlag« beim historischen Schloßfest in Kirchhausen vor der Kulisse des Deutschordensschlosses.

151 Tanz beim Kirchhausener Schloßfest.

152 Gitarrenspieler finden auch hier immer Zuhörer.

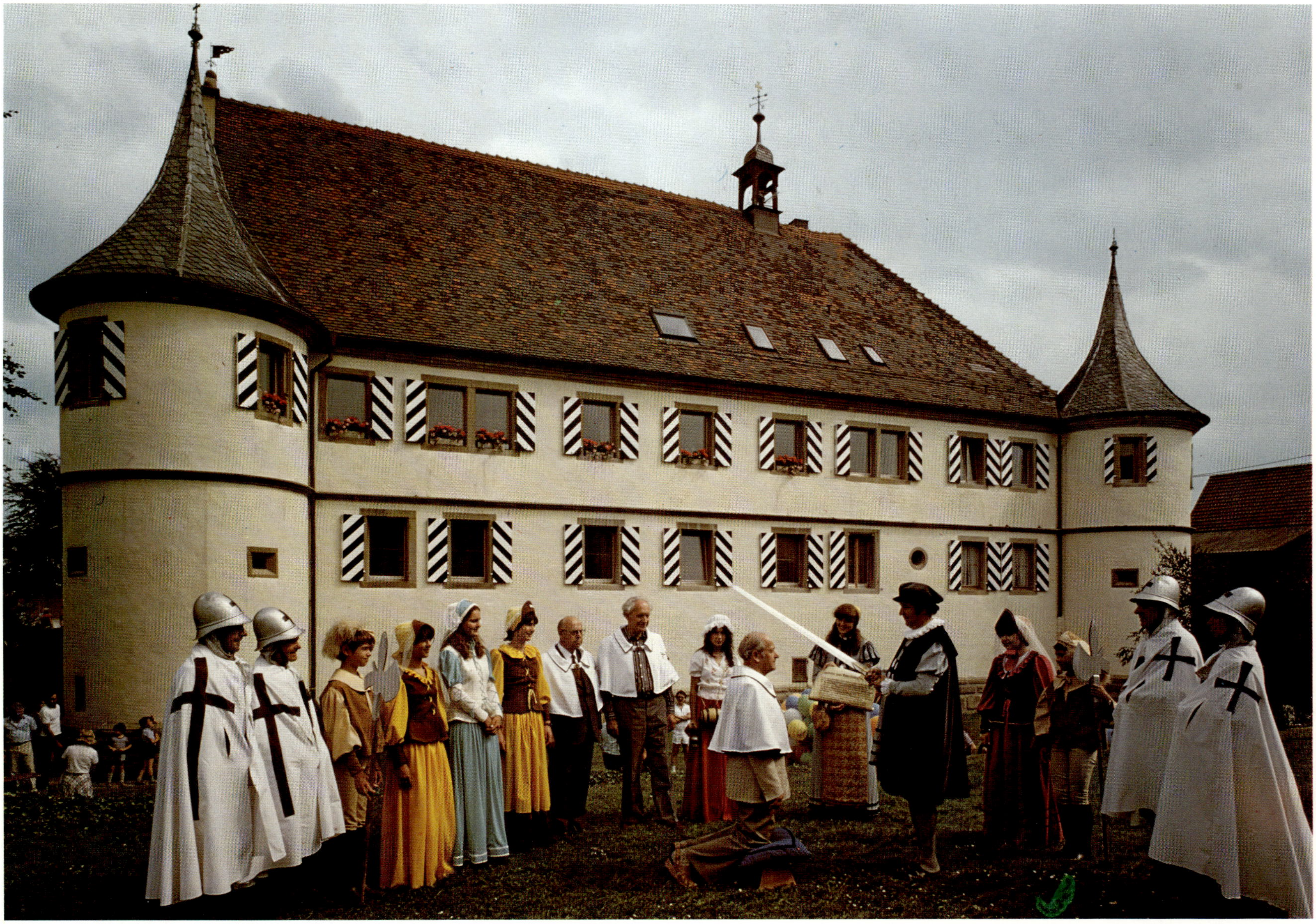
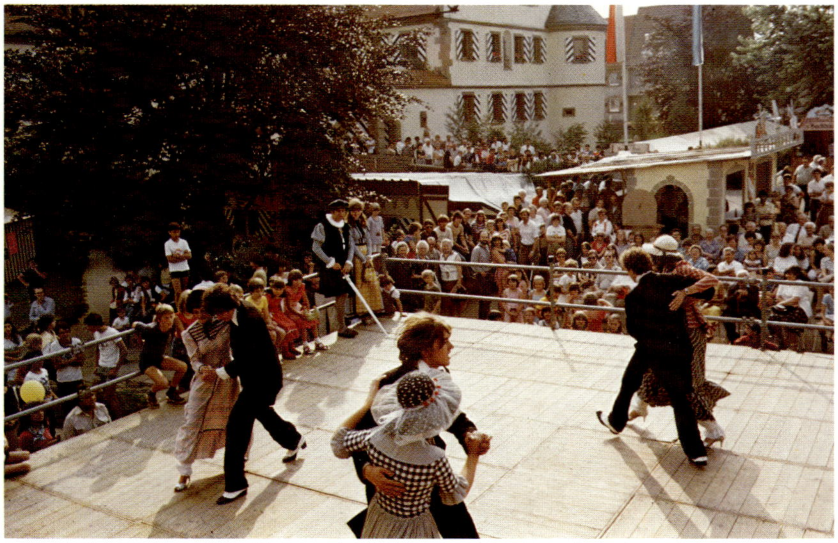
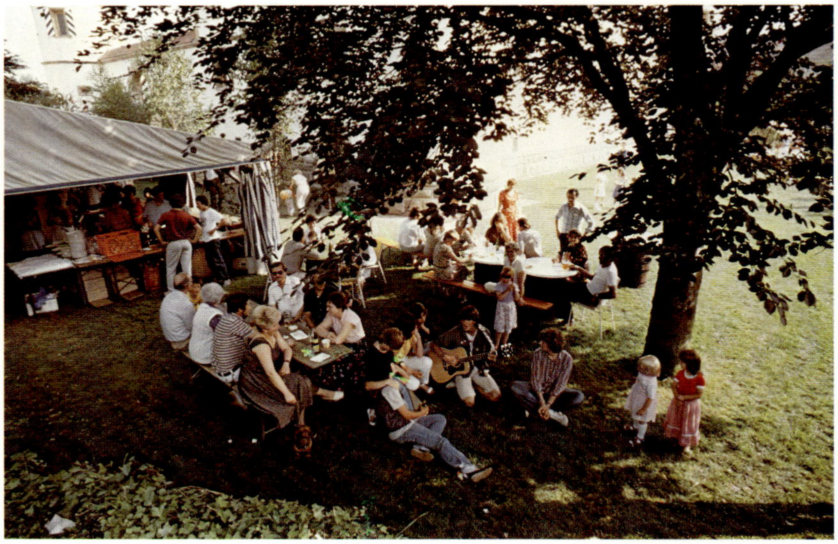

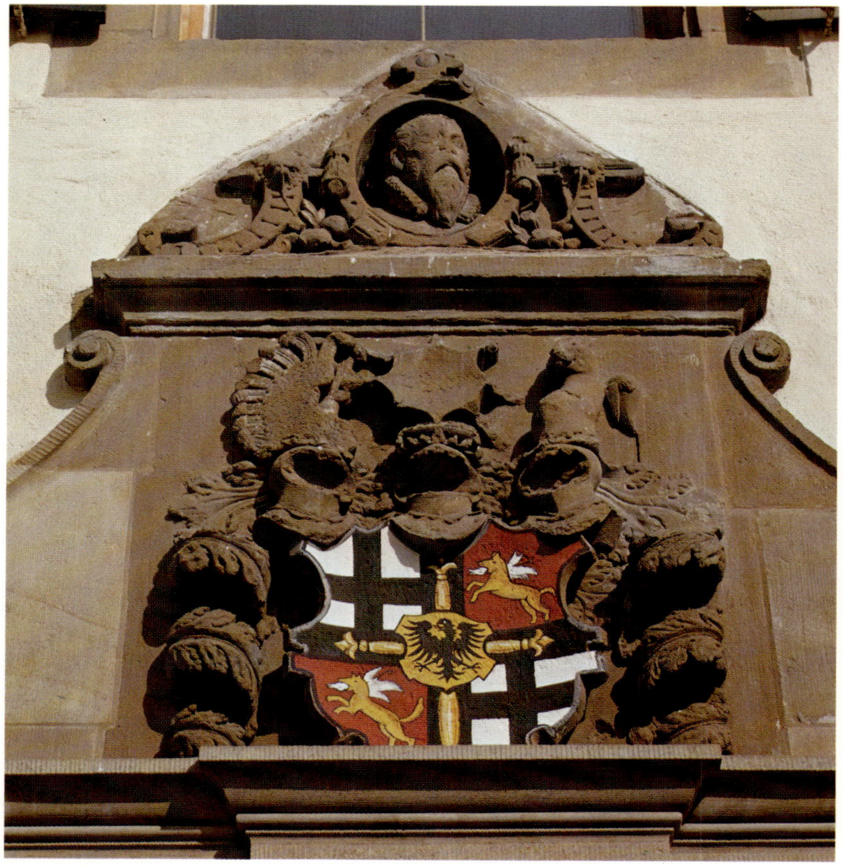
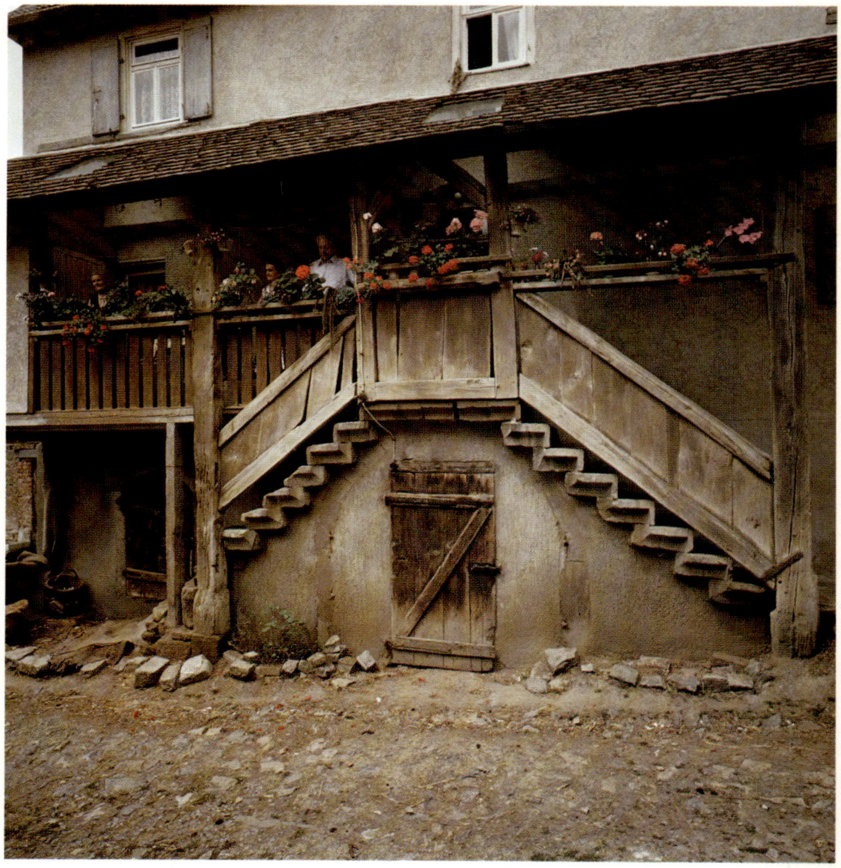
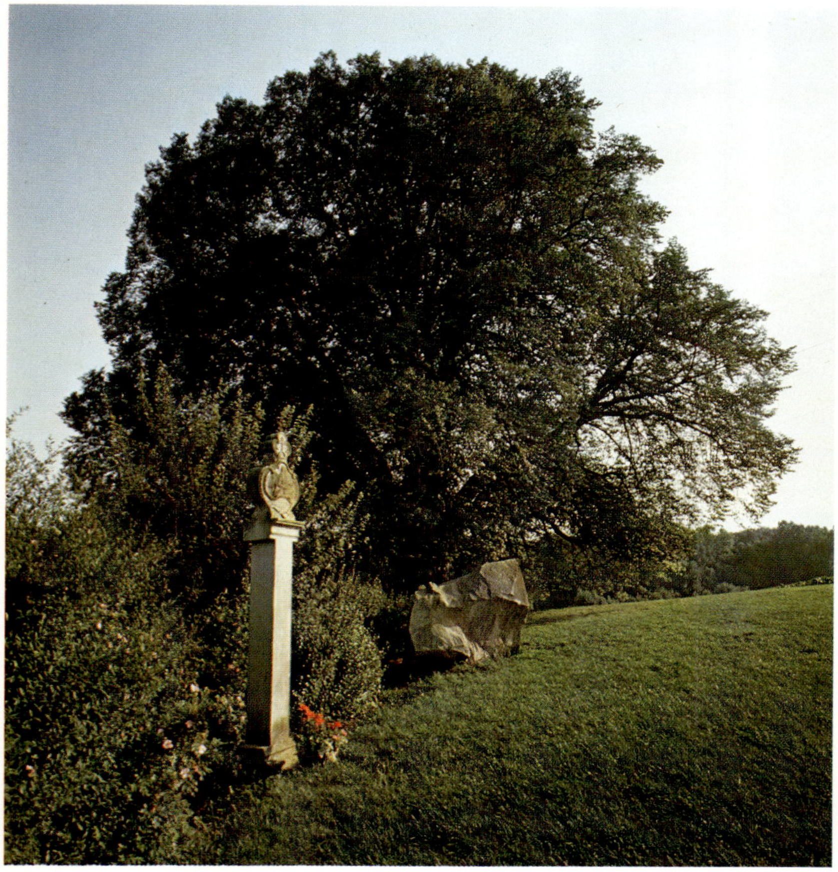
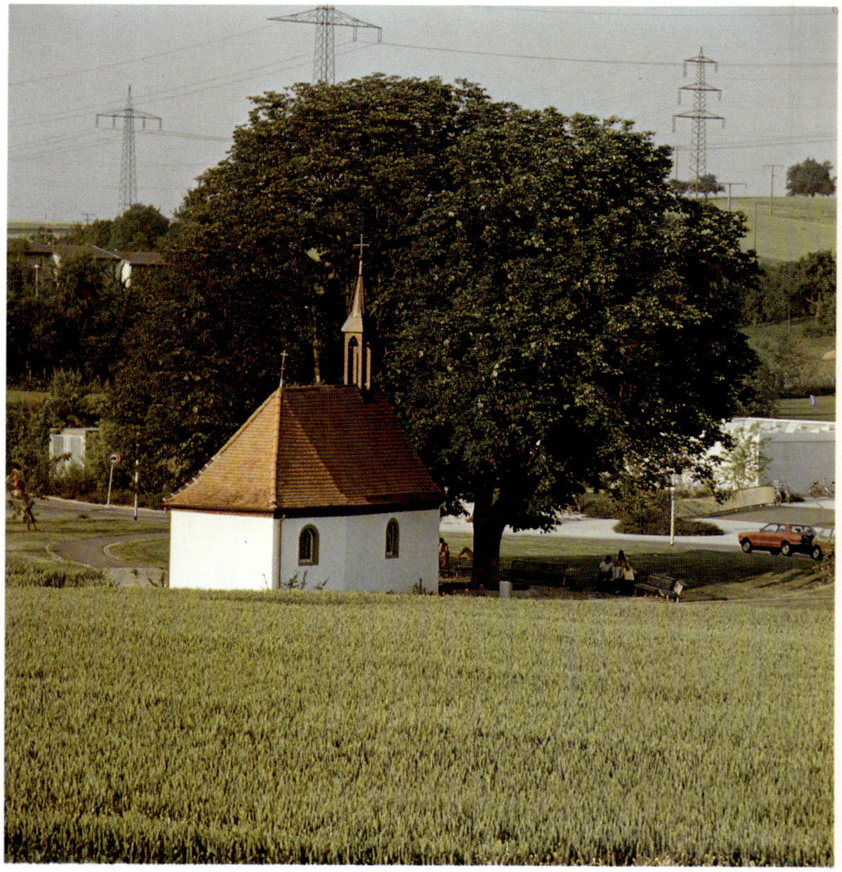

157 Das ehemalige Renaissance-Wasserschloß des Deutschen Ordens in Kirchhausen dient heute als Gemeindezentrum.

153 Hochmeisterwappen des Deutschen Ordens überm Schloßportal von Kirchhausen.
154 Romantik im Hof des Amtmann-Hauses in Kirchhausen.
155 Bildstöcke setzen Signaturen der Landschaft: Bildstock St. Anna mit der Annalinde.
156 Im Bachgrund bei Kirchhausen steht die Dreifaltigkeitskapelle.

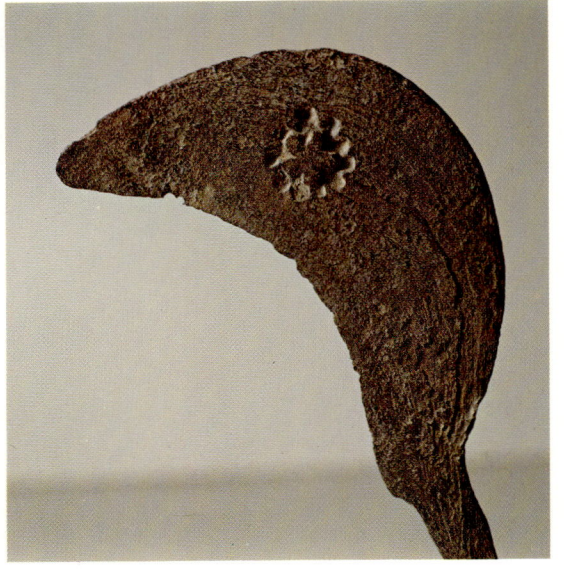

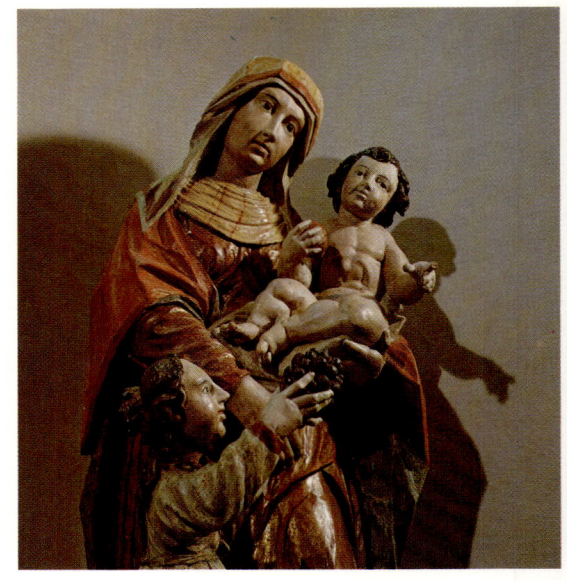

158 Aus der Römerzeit stammt das bei Böckingen gefundene Rebmesser.

159 Ein römisches Weinsieb illustriert die antike Kellertechnik.

160 Die Muttergottes mit der Weintraube verweist schon auf die Passion Jesu, der als »Christus in der Kelter« sein Blut vergießt.

161 In der mittelalterlichen Weinstadt Heilbronn war der Patron der Weingärtner, St. Urban, ein beliebter Heiliger. Davon zeugt diese spätgotische Plastik in den Städtischen Museen.

162 Der Winter im Heilbronner Stiftsberg hat seine eigene Graphik.

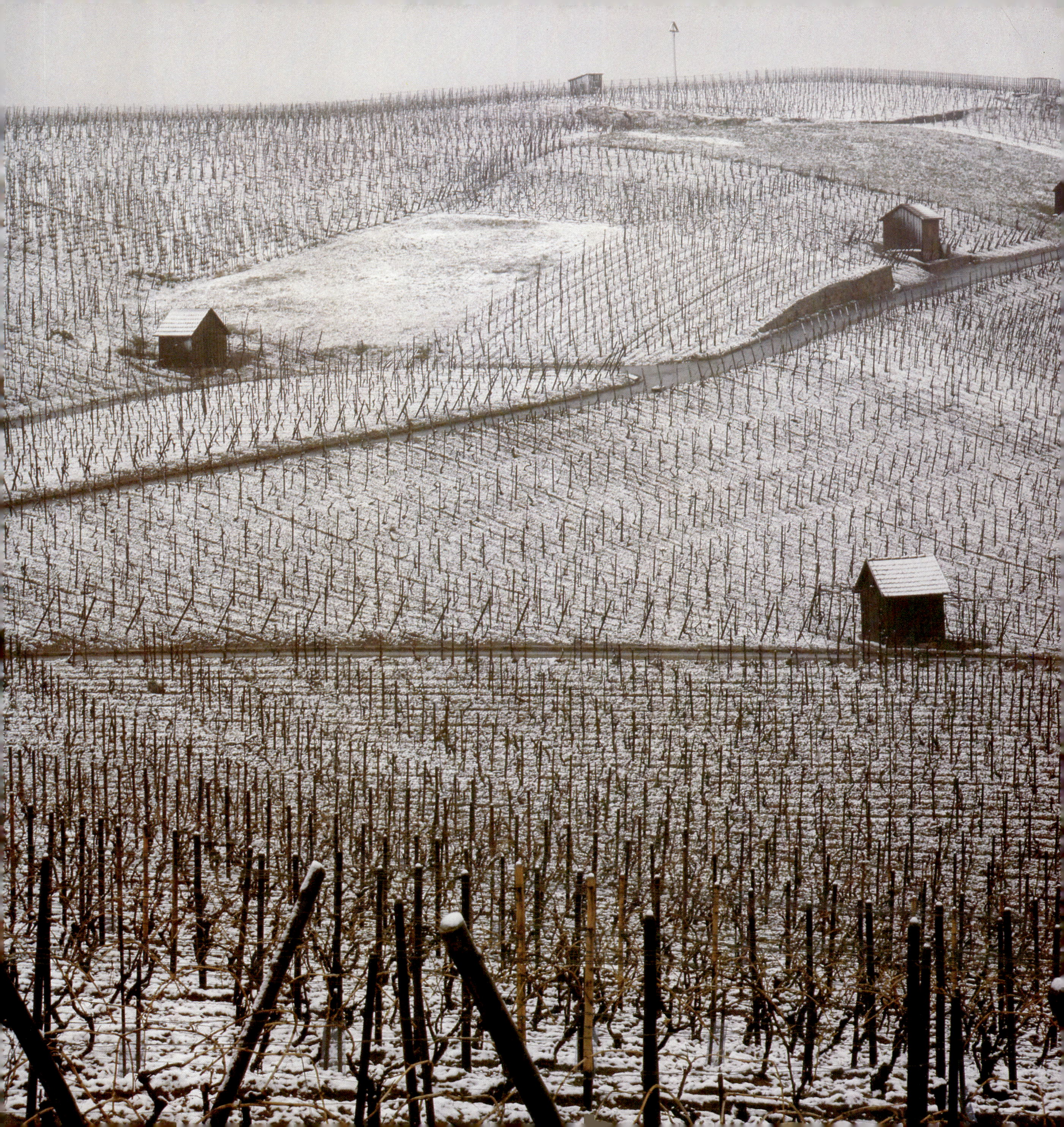

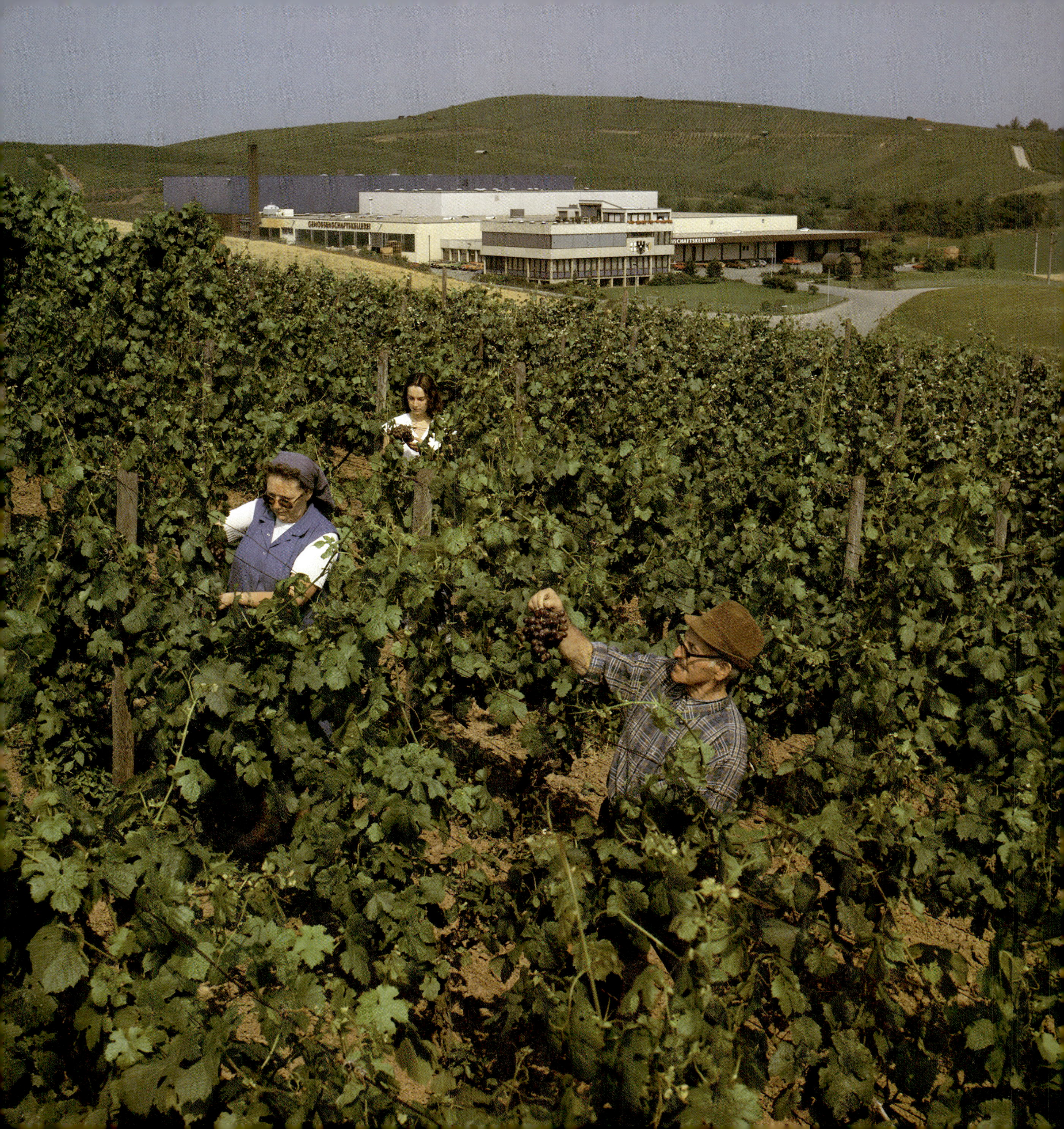
GENOSSENSCHAFTSKELLEREI
SCHAFTSKELLEREI

163 Mitten in den Reben liegt die Genossenschaftskellerei Heilbronn-Erlenbach-Weinsberg; drei örtliche Genossenschaften haben sich mit diesem Neubau zu einem zukunftsgerechten Gemeinschaftswerk entschlossen. Der Herbst aus mehr als 600 Hektar Weinbergen rinnt hier zusammen.

164 Neben dem Tank hat auch das sauber gepflegte Holzfaß seine Bedeutung für das Reifen des Weines im Keller gewahrt.

165 Das Tanklager der Genossenschaftskellerei Heilbronn-Erlenbach-Weinsberg.

166   Auf die Bedeutung des Weinbaus weist diese Zunfttafel der Heilbronner Küfer hin, die in den Städt. Museen hängt.

167, 168   An den Weinherbst auf dem Wartberg erinnern die beiden alten Postkarten.

169   Bei einem Heilbronner Viertele – hier im »Besen« – verstehen sich jung und alt.

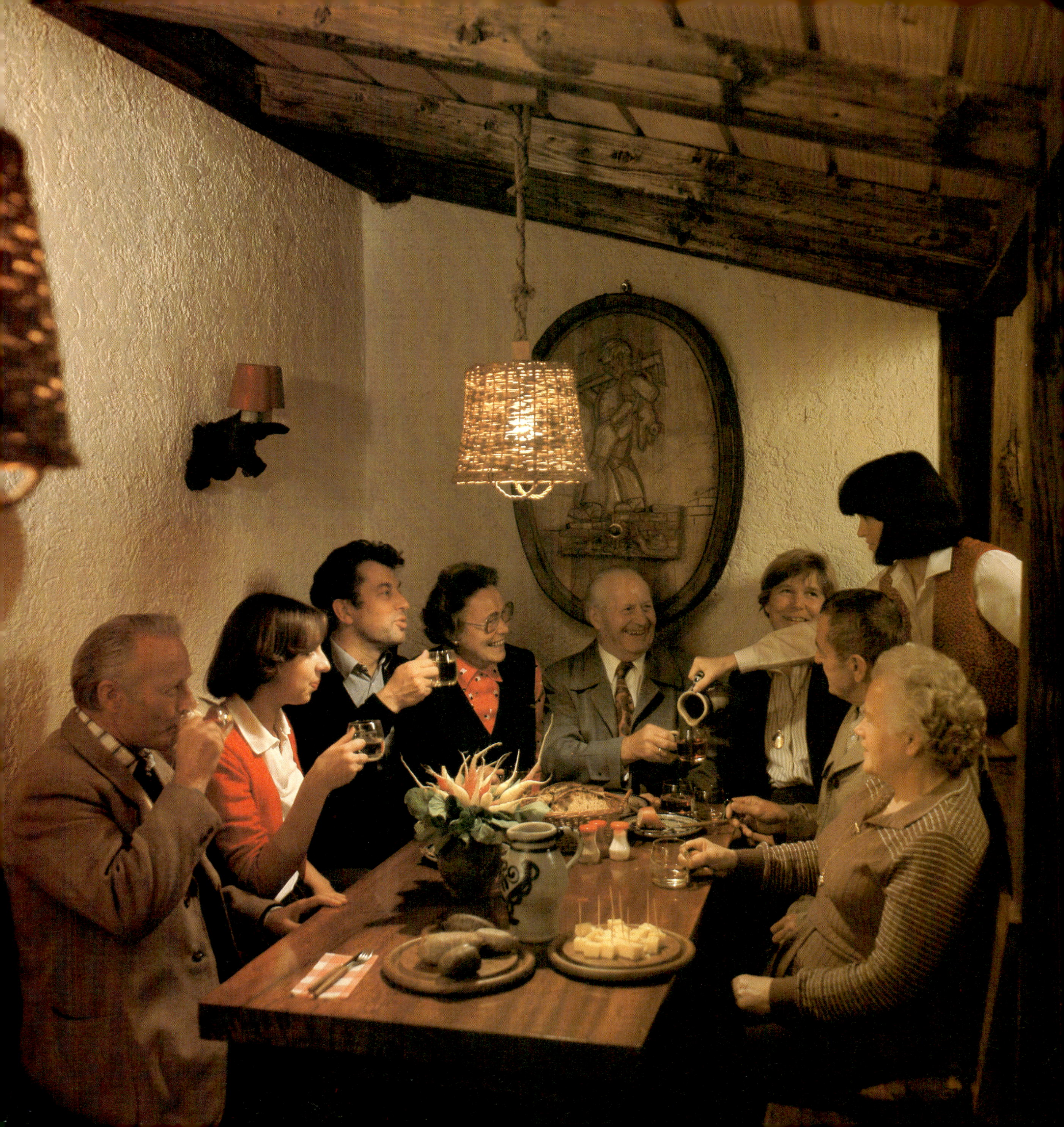

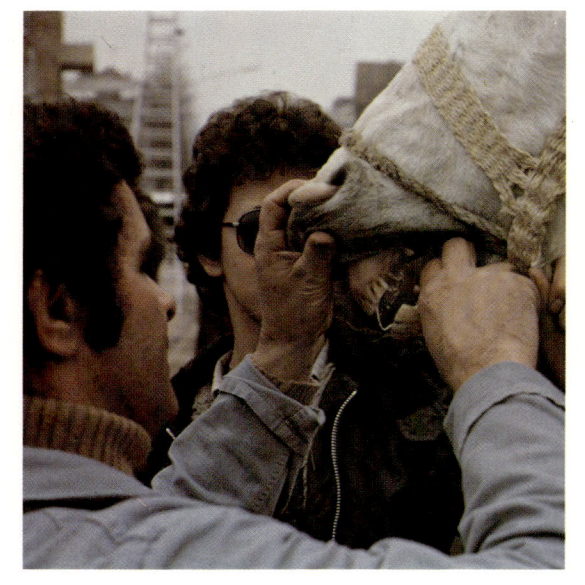

170–182 Seit über 200 Jahren ein Stadtereignis: der Heilbronner Pferdemarkt samt angeschlossenem Krämermarkt – mit Roßhändler-Handschlag, Pferdeprämierung und Reitvorführungen.

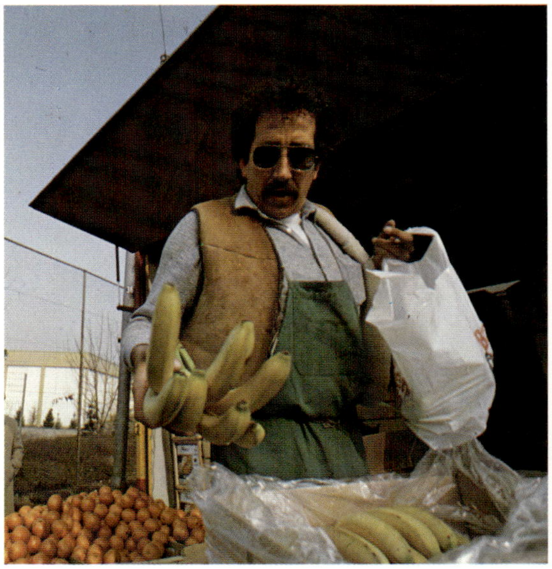
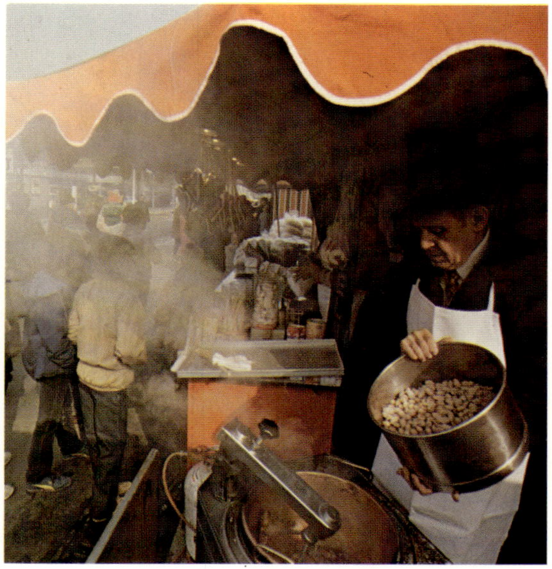
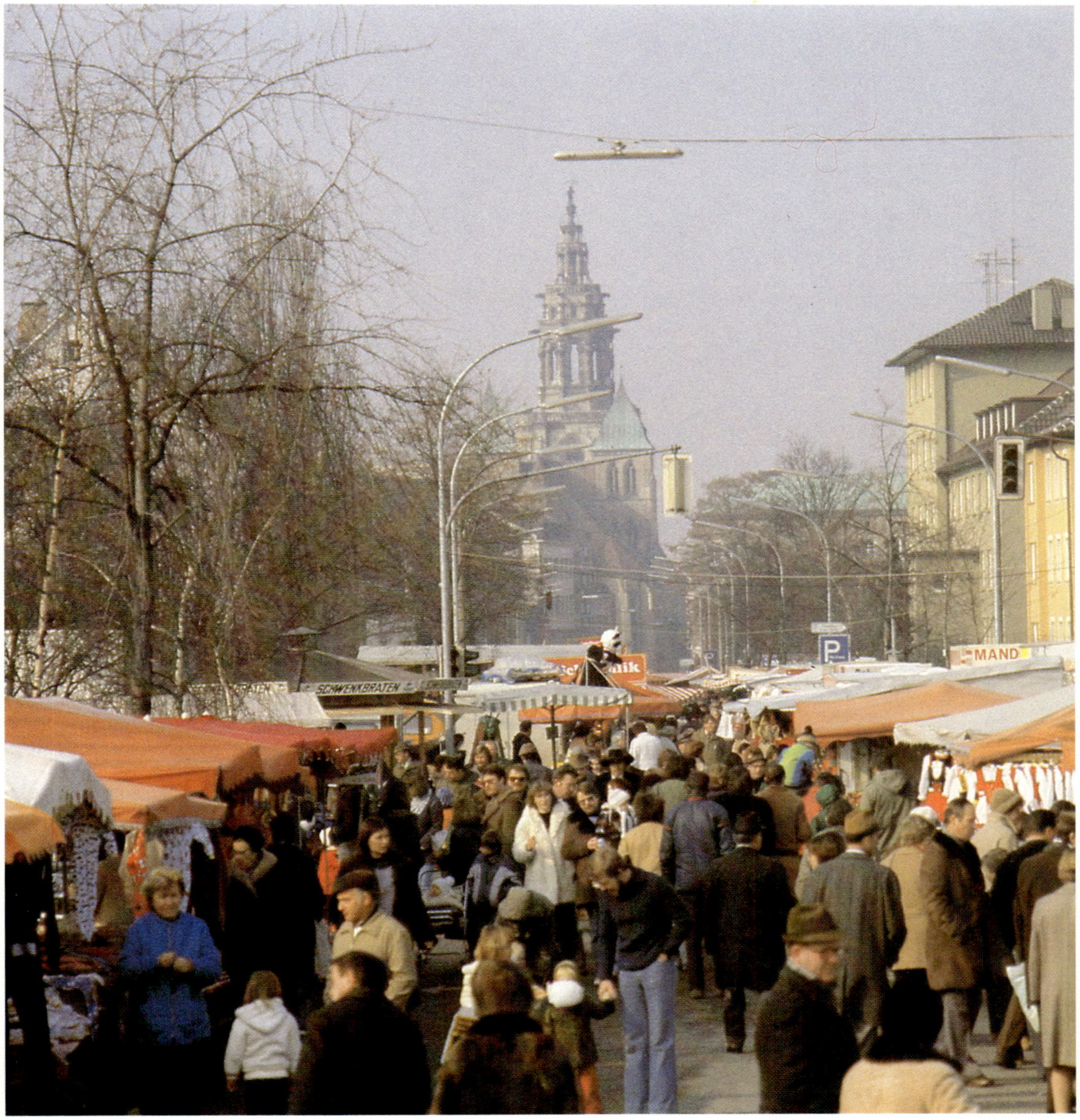
SCHWENKBRATEN
MAND
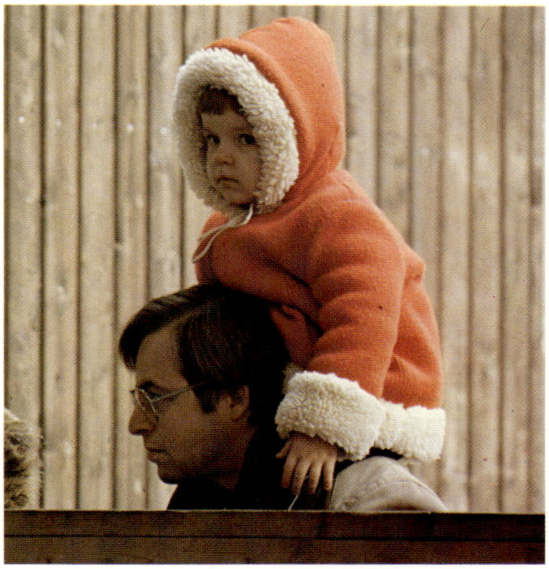
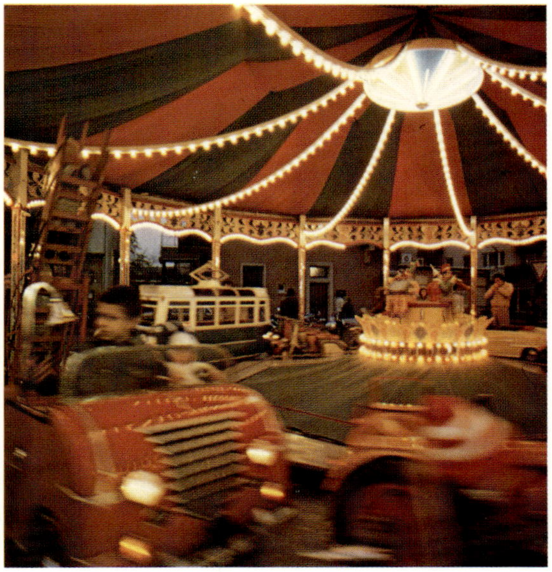

183 Das Stadtfest in der Fußgängerzone, vom Verkehrsverein ins Leben gerufen, von zahlreichen Vereinen mitgetragen und von der Bevölkerung begeistert aufgenommen.

184 Die Majorettengruppe beim Festzug.

185 Der Oberbürgermeister schneidet die Brezel an. Stadtfestauftakt mit Freibier.

186 Tanzgymnastik der Jugend auf dem Kiliansplatz.

187–190   Das Weindorf, herbstliche Attraktion rund um das Heilbronner Rathaus.

191 Das »Heilbronner Käthchen« bei seinem Hochzeitszug, frei nach Heinrich von Kleist.

192 Als Souvenir beliebt: die Käthchen-Puppe.

193 Noch einmal: des Käthchens bunter Hochzeitszug.

194 Der Käthchenbrunnen beim Gerichts- und Fleischhaus mit Hans-Dieter Läpples eigenwilliger Brunnenfigur.

195 Das »Käthchen 1981« repräsentiert die Stadt Heilbronn.

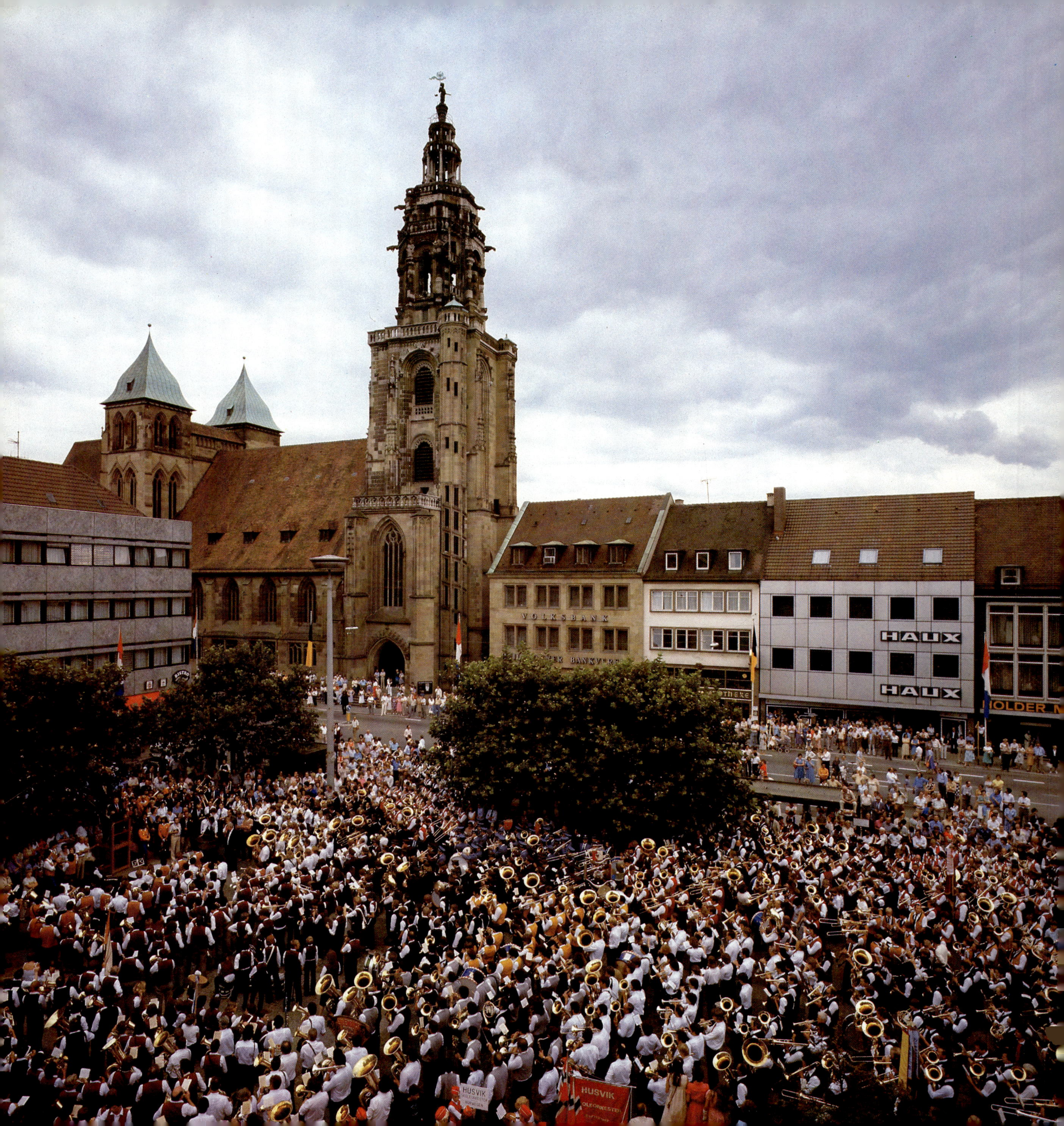
VOLKSBANK
HAUX
HAUX
HUSVIK

197　Heilbronner Theaterleben: »Irma la Douce«, hier wurde das Parkett zur Bühne.

196　Das Fest der Bläser 1981: die Stadt Heilbronn als Gastgeberin des ersten Landesmusikfestes.

Umseitig:
198　Die Lichterketten der Straßenzüge zeichnen des Nachts die Konturen der Großstadt Heilbronn.
Ein Blick zurück vom Wartberg.

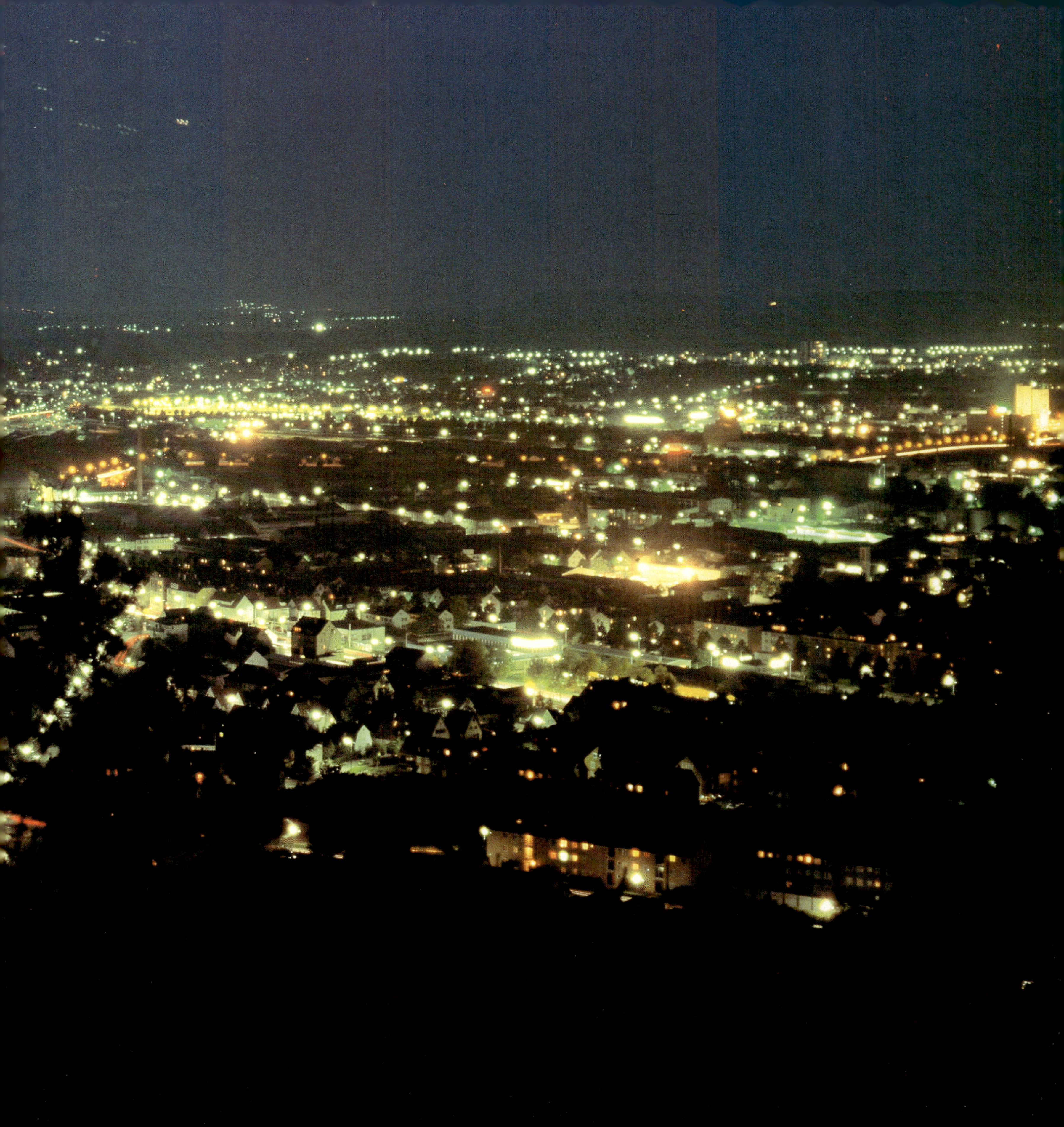

Heilbronn im Überblick

Zusammengestellt von Wilfried Hartmann

Heilbronn: Stadtkreis in Baden-Württemberg. Oberzentrum der Region Franken, zu der neben dem Stadtkreis Heilbronn noch die Landkreise Heilbronn, Hohenlohekreis, Main-Tauber-Kreis und Schwäbisch Hall gehören. – Stadtfarben: rot-weiß-blau. – Markungsfläche 9986 ha. Ausdehnung in Nord-Süd-Richtung 13 km, in Ost-West-Richtung 19 km. Markungsgrenze 72 km. – 113000 Einwohner.
Die Stadt Heilbronn ist Mittelpunkt eines eigenständigen Wirtschaftsraumes und Bindeglied zwischen den Ballungszentren Stuttgart/Mittlerer Neckarraum und Heidelberg/Mannheim/Ludwigshafen. Industrie- und Handwerksstadt, Einkaufs- und Dienstleistungszentrum für über eine halbe Million Menschen. Eine der größten deutschen Weinbaugemeinden. Ehemalige freie Reichsstadt am Neckar. Im Grenzgebiet zwischen Franken und Schwaben. Stadtkern im Zweiten Weltkrieg total zerstört. Beispielhafter Wiederaufbau. Im Umkreis von 10 km um das Heilbronner Rathaus wohnen heute 215000 Menschen, in der gesamten Region Franken 700000. In der Stadt Heilbronn insgesamt 67000 Beschäftigte, davon 27000 Einpendler.

Verkehrslage: Heilbronn liegt im Schnittpunkt der vier Autobahnen nach Stuttgart – München, Mannheim – Frankfurt, Würzburg und Nürnberg. Eine Reihe von Bundesstraßen, die sich hier kreuzen, ergänzen die hervorragende Verkehrssituation (B 27 Stuttgart – Würzburg; B 39/B 14 Speyer – Schwäbisch Hall; B 293 Heilbronn – Karlsruhe; Neckartalstraße B 27/B 37 nach Heidelberg). Das innerstädtische Straßennetz hat eine Länge von 360 km. 350 Millionen DM wurden in der Nachkriegszeit allein für den Straßenbau in Heilbronn aufgewendet. 160 Brücken im Stadtgebiet!

Bundesbahn: Vom Bahnhof Heilbronn, der sowohl im Personen- wie auch im Güterverkehr eine zentrale regionale Funktion erfüllt, gehen 8 Strecken aus (5 dieselbetrieben, 3 elektrifiziert). Täglich passieren 185 Reise- und 140 Güterzüge den Bahnhof Heilbronn. Bahnbusverkehr mit 10 Linien. Den Bahnhof Heilbronn benutzen im Tag etwa 10000 Personen.

Hafen: Mit einem Jahresumschlag von etwa 5,5 Millionen Tonnen steht der Hafen Heilbronn an 6. Stelle aller deutscher Binnenhäfen. 45 Prozent des gesamten Neckarumschlages laufen über ihn. Mengenmäßig dominierende Güter sind Kies und Sand, Salz sowie Kohle, wobei das in Heilbronn geförderte Salz den Talverkehr auf ein Drittel des Gesamtumschlags anhebt. – 108 ha Gesamtfläche, 8 km Uferlänge, 60 Umschlagseinrichtungen, darunter 40 Kräne, bedeutender Schwergut-Umschlagplatz. Eine Besonderheit: das »Heilbronner System«, wonach sich die Stadt jeder gewerblicher Betätigung im Hafengebiet enthält und sich auf Verwaltungs- und Hoheitsaufgaben beschränkt.

Industrie: 22000 Beschäftigte in 126 Betrieben. Umsatz 2,6 Milliarden DM, davon 14 Prozent Export. Starke Mischung von Klein-, Mittel- und Großbetrieben. Breite Branchenstreuung. Im Vordergrund: Maschinenbau (20% der Industriebeschäftigten), Eisen- und Metallverarbeitung (16%), Elektrotechnik (16%), Nahrungs- und Genußmittel (15%), Chemie, Papier und

Druck (15%) sowie Textil und Bekleidung (5%). – Bebautes Industriegelände insgesamt 500 ha (größter Teil im Norden der Stadt). Erweiterungsmöglichkeiten ca. 150 ha (vorwiegend Industriegebiet »Böllinger Höfe«; teilweise bereits erschlossen). Günstige Ansiedlungssituation.

Handel: Groß- und Einzelhandel profitieren von der verkehrsgünstigen Lage. Entsprechend umfassend ist das Angebot. Insgesamt 14 000 Beschäftigte. – Einzelhandel: 900 Betriebe, 960 Millionen DM Jahresumsatz. Bunte Palette vom Verbrauchermarkt über das Kaufhaus bis zum Fachgeschäft. Schwerpunkt im Stadtzentrum (ausgeprägter als in anderen vergleichbaren Städten), 75 Prozent der Umsätze entfallen auf den Innenstadtbereich. 48 Prozent des Heilbronner Einzelhandelsumsatzes werden von auswärtigen Kunden getätigt (jede zweite Mark kommt von außerhalb!). Weiter Einzugsbereich. – Großhandel: 300 Betriebe, 2,7 Milliarden DM Umsatz (höher als Industrieumsatz). Heilbronn ist ausgesprochenes Großhandels-Zentrum, das weit über die Landesgrenzen hinauswirkt.

Handwerk: 1400 Betriebe mit 14 000 Beschäftigten, 1,5 Milliarden DM Jahresumsatz. Heilbronn ist unter den Großstädten in Baden-Württemberg die Stadt mit der höchsten Handwerkerdichte. Große Tradition. Überregionale Bedeutung.

Dienstleistungsbereich: Über 2000 Betriebe mit 17 000 Beschäftigten. Starke Entwicklung in den letzten Jahren. Besonders hervorzuheben: Zentraler Banken- und Sparkassenplatz mit 68 Bankstellen in der Stadt Heilbronn.

Steuern: Über 3000 Betriebe zahlen in Heilbronn Gewerbesteuer (1981 = 70 Millionen DM). Die 17 größten Gewerbesteuerzahler bringen einen Anteil von 30 Prozent auf. – Mit den Hebesätzen für Gewerbesteuer (310%) und Grundsteuern (220%) liegt Heilbronn unter den Zahlen fast aller vergleichbaren Städte. Hinsichtlich der Pro-Kopf-Verschuldung ist es Schlußlicht unter den bundesdeutschen Großstädten.

Weinbau: Mit 550 ha Rebfläche ist Heilbronn eine der größten deutschen Weinbaugemeinden. Einzellagen: Stiftsberg, Wartberg, Stahlbühl. Großlage: Staufenberg. Hauptsorten: Trollinger und Riesling (jeweils etwa ein Drittel der Gesamtanbaufläche), ferner Schwarzriesling, Spätburgunder, Lemberger, Clevner; Müller-Thurgau, Ruländer, Kerner, Muskateller (zusammen ein Drittel). Ertrag im Normaljahr 5 Millionen Liter. Auf Markung Heilbronn stehen etwa 2,5 Millionen Rebstöcke. Die Genossenschaftskellerei Heilbronn-Erlenbach-Weinsberg ist die größte Gebietsvollkellerei im Bundesgebiet (Neubau seit 1974/75 in Betrieb). – Erste urkundliche Erwähnung des Weinbaues in Heilbronn im Jahre 766 n. Chr. Funde von Traubenkernen weisen jedoch auf vorchristliche Zeit zurück.

Fremdenverkehr: 900 Hotelbetten, jährlich 150 000 Übernachtungen. Jugendherberge am Trappensee mit 170 Betten. Insgesamt 420 gastronomische Betriebe (345 Gaststätten und Wirtschaften, 40 Hotels und Pensionen, 20 Cafés, 15 Bars und Diskotheken). Verkehrsamt und Verkehrsverein vermitteln Pauschalangebote, Rahmenprogramme und Aufenthaltsvorschläge (Weinproben, Neckarrundfahrten, Salzbergwerk-Einfahrten etc.). – Hoher Freizeitwert. Vielfältige Möglichkeiten der Naherholung (Neckartal mit Nebentälern, Schwäbischer Wald). Reizvolle Lage in einer alten Kulturlandschaft. – Heilbronner Feste (jährlich): Pferdemarkt (Ende Februar), Unterländer Volksfest (Juli/August), traditioneller Heilbronner Herbst und Weindorf rund ums Rathaus (September), Weihnachtsmarkt (Dezember). Im Turnus: Stadtfest, Neckarfest, Unterländer Ausstellung u. a.

Anlagen: Insgesamt über 200 Hektar gärtnerisch betreute Grünflächen. Hervorzuheben: Stadtgarten bei der Allee, Alter Friedhof, Pfühlpark mit Pfühlsee, Neckarufer-Promenade. – 80 Spiel- und Tummelplätze. 36 000 städtische Bäume, davon 30 700 nach dem Krieg gepflanzt (darunter 18 000 Straßenbäume). »Stadt im Grünen«. – Stadtwald mit 1200 Hektar. Waldlehrpfad und Trimm-dich-Pfad. Naturschutzgebiet »Schilfsandsteinbruch« beim Jägerhaus. Bezeichnete Wanderwege und Radwanderstrecken.

Sportstätten: Stadion mit 18 000 Zuschauerplätzen, 60 Sportplätze, 40 Turn- und Sporthallen, 75 Tennisplätze, davon 15 in Tennishallen, Stadtbad am Bollwerksturm mit drei Schwimmbecken, Hallenbad im Stadtteil Biberach, Freibäder Neckarhalde, Gesundbrunnen und Kirchhausen, fünf Lehrschwimmbecken, Reitsportanlage, Schießstände, Rollschuhstadion, Kunsteisbahn, Wassersportmöglichkeiten auf dem Neckar. – 50 Sportvereine mit insgesamt 25 000 Mitgliedern.

Schulen: Städtische Schulen mit 27 500 Schülern, darunter 26 Prozent auswärtige. Fünf allgemeinbildende Gymnasien (5350 Schüler), vier Realschulen (3200), Grund-, Haupt- und Sonderschulen (8700), Berufsschulen (10 200) mit Wirtschaftsgymnasium, Technischem Gymnasium, Akademie für Kfz-Technik, Bundesfachschule für Gipser und Stukkateure und sonstige Bildungseinrichtungen. – Kreisberufsschulzentrum des Landkreises Heilbronn (4000 Schüler) mit Sozialpädagogischem Berufskolleg, Frauenberuflichem Gymnasium und Bundesfachklasse der Weinküfer. – Staatliche Gehörlosenschule mit Internat.

Fachhochschule Heilbronn: Eine der bedeutenden Fachhochschulen des Landes Baden-Württemberg. Einzige derartige Bildungseinrichtung in der Region. Praxisnahe Ausbildung. Zahlreiche modern ausgestattete Laboratorien. 2000 Studenten. 90 Professoren und 90 Lehrbeauftragte. Acht Fachbereiche: Maschinenbau, Produktionstechnik, Feinwerktechnik, Physikalische Technik, Fertigungsbetriebswirtschaft, Verkehrsbetriebswirtschaft, Medizinische Informatik, Touristikbetriebswirtschaft. Hervorgegangen aus der im Jahre 1961 gegründeten Staatlichen Ingenieurschule Heilbronn. Studentenwohnheim. Neue Fachbereiche und bauliche Erweiterung in Vorbereitung. – Seminar für Studienreferendare.

Kulturelle Einrichtungen: Theater Heilbronn mit eigenem Schauspiel-Ensemble und mehreren Spielstätten (ab Ende 1982 Theaterneubau am Berliner Platz). Opern- und Operetten-Gastspiele namhafter auswärtiger Bühnen. – 16 Lichtspieltheater mit insgesamt 3500 Plätzen (»Heilbronn – Stadt der Kinos«). – Festhalle »Harmonie« (Großer Saal 1800 Plätze), jährlich 250 Veranstaltungen mit über 250 000 Besuchern. – Schießhaus mit Rokoko-Saal, Bürgerhaus in Böckingen, Kunsthalle »Harmonie« mit Ausstellungen von Kunstverein und Künstlerbund. Heilbronner Kirchenmusiktage. – Vereinigungen: Kulturring, Württ. Kammerorchester Heilbronn, Heilbronner Sinfonieorchester, Stadtkapelle, Heinrich-Schütz-Chor, Liederkranz, Philharmonischer Chor des Singkranzes, Weingärtnerchor »Urbanus«, Vokal-Ensemble u. a.

Kulturzentrum Deutschhof: In dem traditionsreichen Gebäudekomplex im Herzen der Stadt, der nach der Zerstörung historisch getreu wiederaufgebaut wurde, sind fünf kulturelle Einrichtungen mit breiter Resonanz untergebracht: *Stadtbücherei* mit fünf Publikums-Abteilungen. Insgesamt 170 000 Bände, 550 000 Entleihungen im Jahr. Mehrere Zweigstellen im Stadtgebiet. Moderner Bücherbus. Frequenz weit über Bundesdurchschnitt. *Städt. Museen* mit Wechselausstellungen (Schwerpunkt figürliche Plastik) und der ständigen Ausstellung »Stadtgeschichte – Heilbronn einst und jetzt«. Dazu Naturhistorisches Museum in der Kramstraße mit Erdgeschichte, Mineralien, Vor- und Frühgeschichte. Insgesamt 122 000 Besucher im Jahr. *Stadtarchiv* mit Robert-Mayer-Archiv, Wilhelm-Maybach-Archiv, Städtischer Musiksammlung aus dem 15. bis 17. Jahrhundert (»Heilbronner Musikschatz«) und einer historisch-wissenschaftlichen Bibliothek mit 300 Inkunabeln. *Städt. Jugendmusikschule* mit einem vielfältigen Angebot von der musikalischen Grundausbildung bis zur studienvorbereitenden Fachausbildung. 2000 Schüler, 50 Lehrkräfte. Verschiedene Chöre, Spielgruppen und Orchester. *Volkshochschule* mit 40 000 Unterrichtsstunden im Jahr. 950 Kurse und Lehrgänge, 450 Vorträge und Einzelveranstaltungen, 60 Exkursionen und Studienfahrten. 30 000 Besucher. 38 Außenstellen im Landkreis Heilbronn, 20 Unterrichtsstätten in der Stadt Heilbronn.

Historische Bauten: Kilianskirche mit dem Hochaltar von Hans Seyfer (1498) und dem 1529 vollendeten Hauptturm von Hans Schweiner, dem ersten Bauwerk der Renaissance nördlich der Alpen. Rathaus (erster Baubeginn um 1300) mit der astronomischen Kunstuhr von Isaak Habrecht (1580). Deutschordenshof mit Deutschordensmünster St. Peter und Paul, Naturhistorisches Museum im ehem. Gerichts- und Fleischhaus, Nikolaikirche, Hafenmarktturm, Bollwerksturm, Götzenturm, Schießhaus, Jägerhaus, Wartbergturm, Käthchenhaus, Alte Kelter Sontheim, Deutschordensschloß Kirchhausen.

Krankenhäuser: Die Städt. Krankenanstalten sind auf zwei große Klinikbereiche konzentriert: Jägerhausstraße (ehemaliges Wehrmachtslazarett) mit zwei Chirurgischen Kliniken, Medizinische Klinik, Urologische Klinik, Strahlenklinik, Anästhesieabteilung, Institute für Laboratoriumsmedizin und für Pathologie. In den Neubauten Am Gesundbrunnen: Frauenklinik, Kinderklinik, Hals-Nasen-Ohren-Klinik, Augenklinik und Hautabteilung. Im Stadtteil Sontheim: Nachsorgeklinik. – Die Städt. Krankenanstalten (insgesamt 900 Betten) zählen zur Leistungsstufe »Zentralversorgung«, sie sind zugleich Akademisches Lehrkrankenhaus der Universität Heidelberg. Der Einzugsbereich geht über die Grenzen von Stadt- und Landkreis hinaus. 56 Prozent der Patienten kommen von auswärts, nur 44 Prozent aus der Stadt Heilbronn (Kinderklinik sogar 74% auswärtige Patienten). Angeschlossen sind eine Krankenpflege- und Kinderkrankenpflegeschule. Außerdem gibt es in Heilbronn noch 10 private Kliniken mit insgesamt 260 Betten.

Höchste Gebäude: Trotz moderner Hochhäuser überragt der Turm der Kilianskirche mit 62,05 m (gemessen bis zum Hut des »Männles«) nach wie vor alle anderen Gebäude. Es folgen: Shoppinghaus Allee 59,15 m; Appartementhaus Rosenberg 58,60 m; Silogebäude Knorr-Maizena 49,25 m; Wohnhochhaus Güglinger Straße (Schanz) 45,90 m; Wohnhochhaus Paul-Göbel-Straße 40,70 m; Kreissparkasse 35,23 m (Dachaufbau) sowie das »Stimme«-Hochhaus an der Allee mit 32,04 m. – Beim EVS Dampfkraftwerk im Industriegebiet ragen die höchsten Kamine 130 m empor, das Gebäude mißt 42,42 m. Neue Dimensionen wird hier das geplante große Kraftwerk setzen. Seine Maße nach Plan: Kesselhaus 130 m, Kühlturm 140 m, Schornstein 250 m (rund 100 m höher als der Wartberg).

Höhen im Stadtgebiet: Marktplatz 157,5 m ü. NN. Kilianskirche Turm-Männle 221 m. Deutschordensmünster am Boden 156 m, Kreuz 203 m. Götzenturm am Boden 158 m, Zinne 187 m. Trappensee 183 m. Wartberg am Boden 308 m, Turm-Zinne 330 m. Schweinsberg am Boden 373 m, Turm 393 m. Reisberg (höchster Punkt) 377,6 m. Gewann Platten unter der Autobahnbrücke (niedrigster Punkt) 150,9 m.

Entfernungen: Stuttgart 50 km, Pforzheim 55 km, Heidelberg 65 km, Karlsruhe 66 km, Mannheim 74 km, Würzburg 105 km, Frankfurt 166 km, Nürnberg 167 km.

Partnerstädte: Heilbronn unterhält offizielle Städtepartnerschaften mit Béziers (Frankreich), Afan – früher Port Talbot – (Großbritannien) und Solothurn (Schweiz). Städtefreundschaften mit ständigem Kontakt bestehen mit Stockport (Großbritannien) sowie einigen deutschen Städten (Nürnberg u. a.). Heilbronn ist außerdem Patenstadt der Landsmannschaft der Dobrudschadeutschen (jährliches Pfingsttreffen; Archiv der Landsmannschaft).

Ehrenbürger: Der Gemeinderat der Stadt Heilbronn hat in der Nachkriegszeit fünf verdienten Männern das Ehrenbürgerrecht der Stadt verliehen: Theodor Heuss, Bundespräsident (1953); Fritz Ulrich, Innenminister (1953); Emil Beutinger, Oberbürgermeister (1955); Paul Meyle, Oberbürgermeister (1967); Albert Grosshans, Stadtrat (1977). – Außerdem wurden mit dem im Jahre 1959 geschaffenen Ehrenring bisher 16 Männer und Frauen ausgezeichnet.

Gemeinderat: (Wahlperiode 1980–1984): CDU 18 Sitze; SPD 16 Sitze; FDP 3 Sitze; FWV 2 Sitze, Grüne 1 Sitz. Vorsitzender: Oberbürgermeister Dr. Hans Hoffmann.

Stadtverkehr: Stadtverkehr mit Omnibussen der Verkehrsbetriebe der Stadtwerke Heilbronn. 16,6 Millionen beförderte Personen im Jahr 1980. Verkehrsnetz 138 km Länge. 67 Omnibusse. – Bestand an Kraftfahrzeugen in Heilbronn: insgesamt 57349, davon 51276 Pkw. Auf 1000 Einwohner kommen 508 Kraftfahrzeuge; eine Kfz-Dichte weit über dem Bundesdurchschnitt.

Einwohner: 112776 (Stand April 1981). Darunter 14787 Ausländer (13,1%). Dominierend: Türken (5500), Italiener (2550), Jugoslawen (2430), Griechen (900) und Spanier (580). – US-Garnison mit einigen tausend amerikanischen Soldaten und Familienangehörigen (nicht in der Einwohnerzahl erfaßt). – Von 112776 Einwohnern sind 66460 evangelisch (58,9%), 33727 katholisch (29,9%), übrige Bekenntnisse 9265 (8,2%), konfessionslos 3324 (3,0%). – Knapp die Hälfte der Bevölkerung wohnt in der Kernstadt Heilbronn (55 428), auf die acht Stadtteile entfallen insgesamt 57 348 Einwohner, darunter allein auf Böckingen, dem mit Abstand größten Stadtteil, 23 527. – Im Jahre 1803 (Ende der Reichsstadtzeit) zählte Heilbronn rund 7500 Einwohner. 1900 waren es schon 38 000 und zu Kriegsbeginn 1939 über 75 000. Nach Kriegsende lebten nur noch 46 000 Menschen in der schwerzerstörten Stadt. Zehn Jahre später – im Jahre 1955 – aber bereits wieder 80 000. Mit 101 390 Einwohnern wurde Heilbronn am 1. Januar 1970 statistische Großstadt. Die höchste Einwohnerzahl registrierte man nach Abschluß der Eingliederungen am 1. April 1974 mit 117 366. Danach leichter Rückgang.

Stadtteile: Zu der Kernstadt Heilbronn (55 428 Einwohner, 3135 ha Markungsfläche) kamen in zwei Eingliederungsphasen (1933/38 bzw. 1970/74) insgesamt acht Stadtteile. In ihnen vollzog sich nach dem Krieg eine bemerkenswerte Wohnungsbauentwicklung. Der Kernstadt sind in dieser Hinsicht gewisse topographische Grenzen gesetzt (unüberbaubare Weinberghänge und Wälder im Osten).

Böckingen: 23 527 Einwohner. 1131 ha Markungsfläche. Niedrigster Punkt: Gewann Sumpfwiesen bei Peter-Bruckmann-Brücke 155 m; höchster Punkt: Wasserbehälter Landturmbacken 237 m. Erste urkundliche Erwähnung: 766 n. Chr. – Eingemeindung am 1. April 1933. – Römerkastell aus dem 1. Jh. n. Chr. Jahrhundertelang Heilbronner Reichsstadtdorf. 1919 Stadt. Moderne Wohngebiete (Schanz, Schollenhalde). Bürgerhaus im alten Ortskern. Der Spitzname »Seeräuber« wird in einer Brunnenplastik von Dieter Läpple wachgehalten.

Neckargartach: 9252 Einwohner. 1125 ha Markungsfläche. Niedrigster Punkt: Gewann Neckarau 151 m; höchster Punkt: Gewann Wannenhöhle (B 39) 226 m. Erste urkundliche Erwähnung: 767 n. Chr. Eingemeindung am 1. Oktober 1938. – Jahrhundertelang Heilbronner Reichsstadtdorf. Neubaugebiete Sachsenäcker, Fleischbeil. Industrieansiedlungen, Klinikum Gesundbrunnen, Freibad. Sanierungen im alten Ortskern (Fachwerk-Rathaus, Petersaltar).

Sontheim: 7000 Einwohner. 743 ha Markungsfläche. Niedrigster Punkt: Wertwiesen 156 m; höchster Punkt: Staufenberg 300 m. Erste urkundliche Erwähnung: 1188. Eingemeindung am 1. Oktober 1938. – Jahrhundertelang Deutschordensgemeinde. Städtebauliche Ausweitung in der Nachkriegszeit (Sontheim Ost mit Fachhochschule, Industrie- und Wohngebiet). Sanierungsprogramm im alten Ortskern. Zentrum »Auf dem Bau« mit Untere und Obere Kelter, Zehntscheuer.

Frankenbach: 4888 Einwohner. 889 ha Markungsfläche. Niedrigster Punkt: Leinbach (Tennisplätze) 158 m; höchster Punkt: Gewann Schlupf (B 39) 226 m. Erste urkundliche Erwähnung: 766 n. Chr. Eingliederung am 1. April 1974. – Jahrhundertelang Heilbronner Reichsstadtdorf. Neubaugebiete Maihalde, nördlicher Ortsrand. Naherholungsbereich Leinbachtal/Hipfelhof, Moto-Cross-Rennstrecke. Moderne Sporthalle.

Biberach: 4272 Einwohner. 1058 ha Markungsfläche. Niedrigster Punkt: Gewann Pfaffhecke beim Böllinger Bach 162 m; höchster Punkt: Waldstück Seebuckel beim Eichhäuser Hof: 237 m. Erste urkundliche Erwähnung: 766 n. Chr. Eingliederung am 1. Januar 1974. – Wechselvolle Geschichte. Ausgeprägte Nachkriegsentwicklung. Neubaugebiete Maustal, Steinäcker, Schleifweg. Sportlich-kulturelles Zentrum bei der Böllingertalhalle mit Hallenbad.

Kirchhausen: 3221 Einwohner. 1147 ha Markungsfläche. Niedrigster Punkt: Fäßlesbrunnen beim St.-Anna-Kreuz 179 m; höchster Punkt: Gewann Stöckach (Waldstück) 262 m. Erste urkundliche Erwähnung im 10. Jh. Eingliederung am 1. Juli 1972. – Gehörte jahrhundertelang zum Deutschen Ritterorden. Repräsentatives Deutschordensschloß (Renaissancebau) im Ortszentrum. Neubaugebiete Breitenäcker, Attichäcker. Freibad. Naturdenkmal St.-Anna-Linde.

Horkheim: 3188 Einwohner. 486 ha Markungsfläche. Niedrigster Punkt: Gewann Weidach beim Sportplatz 159 m; höchster Punkt: Gewann Reut bei TP Halde 205 m. Erste urkundliche Erwähnung 976 n. Chr. Eingliederung am 1. April 1974. – Teile einer ehemaligen Wasserburg aus dem 14. Jh. sind erhalten. Bekannt durch seine Sonderkulturen (Gemüse, Tabak), größte

Tabakbau-Gemeinde in Württemberg (15 ha Anbaufläche). Neubaugebiete Staadäcker, Nußäcker. Stauwehrhalle als Sportzentrum.

Klingenberg: 2000 Einwohner. 272 ha Markungsfläche. Niedrigster Punkt: Eisenbahndurchlaß 158 m; höchster Punkt: Gewann Landgraben (Straße nach Leingarten) 225 m. Erste urkundliche Erwähnung 1293. Eingliederung am 1. Januar 1970. – Fast vier Jahrhunderte im Besitz der Grafen von Neipperg. Schloß über dem Neckar (früher Raubritterburg), Neubaugebiete Wittumhalde, Siebenmorgenweg.

Heilbronner Stadtgeschichte – kurz notiert

Ca. 30000 v. Chr. Altsteinzeit: Frühester Nachweis menschlicher Siedlung (Zeltlager) in Heilbronn. Bedeutender Fund aus Neckargartach: Feuersteinmesser und von Menschenhand zertrümmerter Mammutknochen.

Seit ca. 4500 v. Chr. Bauernkultur der Jungsteinzeit mit kontinuierlicher Besiedlung des Heilbronner Beckens. Siedlungen in Heilbronn, Böckingen, Klingenberg u. a. mit Ackerbau und Viehzucht, Bau von »Pfosten«-Häusern, Keramik- und Textilherstellung.

3500–2500 v. Chr. Siedlungen der »Großgartacher« und »Rössener« Kultur im Stadtgebiet sowie insbesondere in Leingarten-Großgartach (entdeckt durch Alfred Schliz 1898/99). Burgähnlich umwehrte Höhensiedlungen »Hetzenberg« zwischen Neckargartach und Obereisesheim sowie »Ebene« bei Ilsfeld (Michelsberger Kultur).

1800–700 v. Chr. Bronze- und Urnenfelderzeit: Grabhügel auf dem Schweinsberg und den Neckarterrassen (Böckingen). Bedeutende Funde in Horkheim (bronzene Schmuckstücke) und Neckargartach (größter Sammelfund von Gußformen in Mitteleuropa).

700–Zeitwende Hallstatt- und Latènezeit: Als erstes namentlich bekanntes Volk siedeln die Kelten auch im Heilbronner Becken. Keramikscherben von Siedtöpfen weisen auf frühe Salzgewinnung aus Sole hin. Erstaunliche Siedlungsdichte.

Um 85/90 Errichten eines römischen Kastells bei Heilbronn-Böckingen im Zuge des Neckarlimes. Anlage zahlreicher römischer Villen und Gutshöfe im Heilbronner Raum.

6./7. Jh. n. Chr. Einbeziehung des Neckargebietes in das Fränkische Reich. Reihengräberfelder im heutigen Stadtbereich geben Hinweise auf alamannisch-fränkische Vorläufersiedlungen der späteren Stadt Heilbronn.

741 Erstmalige urkundliche Erwähnung Heilbronns als »villa Helibrunna« sowie einer Michaelsbasilika – der Vorläuferin der heutigen evangelischen Kilianskirche – in einer Schenkungsurkunde des fränkischen Majordomus Karlmann an das neugegründete Bistum Würzburg. Namengebend für die Stadt war eine Quelle nahe bei der Kirche.

Mitte 11. Jh. Heilbronn besitzt eine starke Judensiedlung längs der Judengasse (heute Lohtorstraße), einer der ältesten Gassen der Stadt (erhalten ist ein Gedenkstein für Nathan den Vorsänger). – Die älteste nachweisbare Ansiedlung von Juden in schwäbischen Reichsstädten befand sich in Heilbronn.

1146 Erwähnung von Markt- und Münzgerechtigkeit, einer Schiffsanlände mit Kaufmannssiedlung (»portus«) sowie von Weinbergen am Nordberg (Wartberg) in einer Schenkungsurkunde der Uta von Calw an Kloster Hirsau.

Ca. 1220/30 Durch eine Schenkung der Herren von Dürn erhält der Deutsche Ritterorden im Süden der Stadt fast zwei Hektar Gelände zur Errichtung einer bedeutenden Kommende. 1805 wird diese säkularisiert. 1977 erhebt Bischof Dr. Georg Moser die ehemalige Deutschordenskirche zum Deutschordensmünster, während der Deutschhof zum Kulturzentrum der Stadt wird.

1225 Heilbronn erstmals urkundlich als »oppidum

Heilecbrunnen« bezeichnet, d. h. als eine mit Mauern und Gräben umgebene, befestigte Stadt. Zu derselben Zeit wird es auch »civitas« genannt, d. h. es ist ein mit Verfassung und Stadtrecht begabtes Gemeinwesen.

1281 König Rudolf I. verleiht Heilbronn ein neues (erstes bekanntes) Stadtrecht. Ein königlicher Vogt ist über die Stadt gesetzt und handhabt den Blutbann. An der Spitze von 12 Ratmannen (»consules«) aus den Ehrbaren steht der Schultheiß (»scultetus«) und übt als Stadtrichter die Zivilgerichtsbarkeit aus.

Um 1300 Baubeginn des Heilbronner Rathauses.

1333 Kaiser Ludwig der Bayer verleiht der Stadt das Recht, den Neckar nach Belieben zu »wenden und keren«, worauf die Heilbronner den Fluß an ihre Stadt heranführen.

1371 Neue, ausgeprägt reichsstädtische Verfassung Kaiser Karls IV. Beilegung des Streits zwischen den Geschlechtern und den Zünften wegen der Beteiligung der letzteren am Stadtregiment. Von jetzt an werden jährlich 26 Personen in den Rat gewählt, je 13 aus den Geschlechtern und Handwerken.

Seit 1447 Umbau der Kilianskirche von der frühgotischen Säulenbasilika zur gotischen Hallenkirche (Langhaus: Hans von Mingolsheim ca. 1447–1455, Chor: Anton Pilgram ca. 1480 bis 1487, eingewölbt von Aberlin Jörg).

1498 Der Hochaltar von Hans Seyfer, ein Spitzenwerk der spätgotischen Plastik und Altarkunst, findet im Chor der Kilianskirche seine Aufstellung. Seyfer unterhielt in Heilbronn bis zu seinem Tode 1509 eine größere Werkstatt, die viel nach auswärts lieferte.

1519 Götz von Berlichingen kommt für drei Jahre als Gefangener des Schwäbischen Bundes in ritterliche Haft (Herberge »Zur Krone« des Dietz Wagenmann am Markt). Er wird wegen verweigerter Urfehde für eine Nacht in den (Bollwerks-)Turm gelegt.

1525 Die aufrührerischen Bauern besetzen Heilbronn und plündern unter anderem das Deutsche Haus. Bauernkonvent mit Wendel Hipler im Schöntaler Hof. Jäklein Rorbach aus Böckingen, der Rädelsführer der Unterländer Bauern, wird bei Neckargartach durch Truchseß Georg von Waldburg (»Bauernjörg«) zu Tode geröstet.

1528 Der dem neuen Glauben zugetane Hans Riesser wird vom Rat zum Bürgermeister gewählt. Damit ist der Reformation in der Stadt der Weg geebnet (Wegbereiter Johannes Lachmann). – »Heilbronner Katechismus« (zweitältester in Deutschland), von Lachmann begonnen, von dem lateinischen Schulmeister Kaspar Gretter vollendet.

1529 Vollendung des Kiliansturmes (seit 1507/13 im Bau) von Hans Schweiner durch Aufstellen des »Männle«. Er ist das erste bedeutende Bauwerk der Renaissance nördlich der Alpen.

1579–1600 Umbau des gotischen Rathauses durch Hans Kurz im Renaissancestil. Prachtvolle Kunstuhr von Isaak Habrecht 1579/80.

1618–1648 Stadt und reichsstädtische Dörfer erleiden durch den Dreißigjährigen Krieg schwere materielle Schäden. Heilbronn ist 1631–1634 von den Schweden besetzt, 1634–1647 von den Kaiserlichen und 1647–1648 von den Franzosen. Viele Plünderungen und Brandschatzungen.

1633 »Heilbronner Konvent« unter Vorsitz des schwedischen Kanzlers Axel Oxenstierna im »Deutschen Haus«. Bündnisse der protestantischen süddeutschen Reichsstände sowie Frankreichs mit Schweden.

1751 Heinrich Friedrich Füger, Kunst- und hervorragender Miniaturmaler, Wegbereiter des europäischen Klassizismus auf dem Gebiet der Malerei, geboren († 1818 Wien).

1793 Schiller wohnt mit seiner Frau Charlotte in Heilbronn, wo er wegen seiner Erkrankung den in ganz Deutschland bekannten Arzt und »magnetopathischen Wunderdoktor« Eberhard Gmelin konsultiert und mit dem vielseitig begabten Senator Christian Ludwig Schübler regen freundschaftlichen Umgang pflegt. Schübler gilt auch als Vorbild des Seni in Schillers »Wallenstein«. – 1797 begeht Goethe seinen 48. Geburtstag in Heilbronn. Ausführliche Stadtbeschreibung in seinem Reisebericht.

1802/03 Ende der Reichsstadtzeit: Heilbronn kommt zu Württemberg; die vier reichsstädtischen Dörfer Böckingen, Flein, Frankenbach und Neckargartach sind nun selbständige Gemeinden. –

Württembergische Truppen rücken am 9. September 1802 in Heilbronn ein. Durch den Reichsdeputationshauptschluß vom 25. Februar 1803 wird Heilbronn de jure Württemberg zugeteilt.

1804 Wilhelm Waiblinger, »genialisch« begabter, doch früh vollendeter Dichter und Schriftsteller, geboren († 1830 Rom).

1810 Heinrich von Kleists Ritterschauspiel »Käthchen von Heilbronn« erlebt in Wien seine Uraufführung. Als Vorbild der Titelgestalt gilt lange Zeit die Heilbronner Bürgermeisterstochter Elisabeth Kornacher.

1814 Der Arzt Julius Robert Mayer, Entdecker des Gesetzes von der Erhaltung der Energie (1. Veröffentlichung 1842), geboren († 1878 Heilbronn).

1815 Großes Hauptquartier gegen Napoleon auf der Theresienwiese mit einer Parade von 10.000 Mann. Anwesend sind neben Kaiser Franz von Österreich 126 deutsche Fürsten und Generale. Im Rauchschen Haus empfängt Zar Alexander von Rußland die baltische Baronin Juliane von Krüdener, die ihn zur Gründung der »Heiligen Allianz« bewegt.

Ab ca. 1820 Frühe, rasche Industrialisierung der Stadt, ausgehend von den Mühlenwerken auf dem Hefenweiler.

1846 Wilhelm Maybach, namhafter Motorenkonstrukteur (»König der Konstrukteure«), geboren († 1929 Stuttgart-Bad Cannstatt).

1848 Eröffnung der Eisenbahnlinie nach Stuttgart, die später als württembergische Hauptlinie über Ulm zum Bodensee geführt wird. – Entstehung der ersten politischen Parteien. Starke Unruhen in der Stadt unter Einbezug des 8. württembergischen Infanterieregiments, welches entwaffnet und strafversetzt wird.

1891 Erste Kraftstromübertragung durch Oskar von Miller vom Heilbronner Elektrizitätswerk Lauffen nach Frankfurt am Main. Im Jahre 1892 wird Heilbronn als erste Stadt der Welt vom Werk Lauffen durch Fernleitung mit elektrischer Energie versorgt.

1896 Heilbronn ist mit 58 Fabriken und rund 9000 Arbeitern die größte Industriestadt Württembergs.

1902 Ernst Jäckh, Professor und Kosmopolit, übernimmt die Chefredaktion der »Neckar-Zeitung«, einer der namhaften politischen Zeitungen in Deutschland. (Die erste Heilbronner Zeitung war im Jahre 1744 erschienen.) Theodor Heuss, Nachfolger von Jäckh, schrieb im Jahre 1905 seine Doktorarbeit über »Weinbau und Weingärtnerstand in Heilbronn«.

1935 Eröffnung des Kanalhafens Heilbronn und der Großschiffahrtsstraße Heilbronn–Mannheim. Der Hafen Heilbronn entwickelt sich danach zum bedeutendsten Umschlagplatz am Neckar und sechstgrößten deutschen Binnenhafen.

1936 Autobahn Heilbronn–Stuttgart fertiggestellt. Es folgen: Heilbronn–Mannheim 1968; Heilbronn–Würzburg 1974; Heilbronn–Nürnberg 1979.

1944 Am 4. Dezember vernichtet ein englischer Luftangriff über 80% der Stadt, den Stadtkern völlig. 6530 Tote, darunter ca. 1000 Kinder unter 10 Jahren. – Nach dem Wiederaufbau der ersten Nachkriegs-Jahrzehnte erinnern heute der Ehrenfriedhof im Köpfertal und die Ehrenhalle im Heilbronner Rathaus an diese schwersten Stunden der Stadt.

1945 US-Truppen besetzen nach zehntägigem Kampf (vom 2. bis 12. April) die fast vollkommen zerstörte Stadt. – Professor Emil Beutinger als Oberbürgermeister eingesetzt. – Heilbronn zählt mit den Stadtteilen nur noch 46350 Einwohner.

1953 Mit einem Festakt am 6./7. Juni Einweihung des wiederaufgebauten Rathauses.

1967 Oberbürgermeister Paul Meyle scheidet nach annähernd 20jähriger Amtszeit am 7. September aus dem Amt und wird vom Gemeinderat zum Ehrenbürger der Stadt ernannt. Amtseinsetzung von Oberbürgermeister Dr. Hans Hoffmann, der nach Ablauf seiner ersten, achtjährigen Wahlperiode am 8. Juni 1975 von der Heilbronner Bürgerschaft wiedergewählt wird.

1970 Mit der Eingemeindung von Klingenberg zum 1. Januar wird Heilbronn Großstadt (101390 Einwohner).

1973 Die Region Franken wird gebildet. Das Oberzentrum Heilbronn wird Sitz des Regionalverbandes. – Der Wiederaufbau der Stadt Heilbronn gilt zu dieser Zeit im wesentlichen als abgeschlossen.

Redaktion: Wilfried Hartmann,
Hans Schleuning, Gabriele Süsskind
Gestaltung: Rolf Bisterfeld

Die Herausgabe haben dankenswerterweise unterstützt die Firmen: Ackermann-Göggingen AG, Baden-Württembergische Bank, Baier + Schneider, Energie-Versorgung Schwaben AG, Fiat Automobil AG, Genossenschaftskellerei Heilbronn-Erlenbach-Weinsberg eG, Adolf Illig GmbH & Co., Kaco GmbH & Co., Kali-Chemie AG, Knorr (Maizena GmbH), August Läpple GmbH & Co., Erwin Mehne GmbH & Co., Südmilch AG, Südwestdeutsche Salzwerke AG, ZEAG.

CIP-Kurztitelaufnahme der Deutschen Bibliothek

Windstoßer, Ludwig:
Heilbronn / Fotos von Ludwig Windstoßer. Texte von Carlheinz Gräter u. Werner Kieser. –
Stuttgart : Theiss, 1981.
  ISBN 3-8062-0277-X
NE: Gräter, Carlheinz:; Kieser, Werner:

Die Abbildungen 170–182 stammen von Peter Windstoßer, Dortmund

© Konrad Theiss Verlag GmbH, Stuttgart 1981
Alle Rechte vorbehalten
ISBN 3 8062 0277 X
Gesamtherstellung: Grafische Betriebe Süddeutscher Zeitungsdienst Aalen
Printed in Germany